Annette Lepple

# Genießen statt Gießen

Trockenheitstolerante Gärten gestalten

Annette Lepple

# Genießen statt Gießen

Trockenheitstolerante Gärten gestalten

# INHALT

# Die Theorie

Sommerliche Trockenheit im Garten ist mittlerweile nicht mehr auf einige Regionen beschränkt, sondern beschäftigt eine zunehmende Zahl von Menschen. Sie geht mit Stress für die Pflanzen und Gärtner einher. Aber was bedeutet Trockenheit? Ist Trockenheit allgemein definierbar?
Pflanzen haben über die Jahrtausende pfiffige Überlebensstrategien entwickelt. Es ist an der Zeit, dass wir es ihnen gleich tun.

# WAS BEDEUTET SOMMERLICHE TROCKENHEIT?

In Trockenperioden bleibt der Regen über längere Zeit aus. Es entsteht ein Feuchtigkeitsdefizit, welches sich ungünstig auf die Vegetation und alles Leben auswirkt. Pflanzen verlieren dabei mehr Flüssigkeit durch Verdunstung als sie über die Wurzeln aufnehmen können. Sie welken, verbranntes und im schlimmsten Fall abfallendes Laub sind die Folge.

## Alles ist relativ

Den Begriff Trockenheit zu definieren ist eine heikle Angelegenheit, da die Klima- und Bodenbedingungen, denen unsere gärtnerische Tätigkeit unterliegt, von Region zu Region stark variieren. In Gegenden mit hohen Sommertemperaturen ist die Verdunstung natürlich höher als in kühlen Gebieten, von daher ist auch der Niederschlag nur bedingt aussagekräftig.

Trockenheit ist relativ und bedeutet für den Gärtner der Fränkischen Trockenplatte etwas gänzlich anderes als für jenen in der Provence. Eine Gemeinsamkeit gibt es jedoch: Trockenheit verursacht Stress.

In meinem irischen Garten war ich selten mit der Gießkanne unterwegs und freute mich 12 Monate im Jahr am Grün. Auch dort gab es längere Phasen, in denen es nicht regnete, aber durch die gemäßigten Temperaturen hielt sich die Not in Grenzen.

Das alles änderte sich mit meinem nächsten Garten in den Walliser Alpen. 40 über 4000 m hohe Berge schirmen das Zentralwallis ab und machen es zur niederschlagsärmsten Region Mitteleuropas. Über 300 Sonnentage gibt es dort im Jahr. Toll, sagt man sich, und findet dann schnell heraus, warum die Walliser diese effizienten Bewässerungssysteme entwickeln mussten. Sommerliche Dürre und schneereiche, lange Winter warfen mein bisheriges Gartenkonzept über den Haufen und forderten eine neue Definition.

Mittlerweile gärtnere ich am Rand der südwestlichen Ausläufer des Zentralmassivs in Frankreich, wo regenreiche, meist milde Winter sich mit heißen, oft extrem trockenen Sommern abwechseln. Generell mögen die Winter mild sein, aber der Januar 2012 brachte uns 14-tägigen Dauerfrost mit Temperaturen um −13 °C. Erstaunlicherweise gab es wenige Verluste zu beklagen. Die meisten empfindlicheren Geschöpfe trieben wieder aus, was zeigt, wie lange, heiße Sommer die Winterhärte begünstigen. In den Sommern 2011 und 2016 hatten wir über drei Monate keinen nennenswerten Niederschlag. Manche Bäume und Sträucher warfen die Blätter schon früh ab, die Landschaft wirkte von Weitem verbrannt und tot. Sah man genauer hin, gab es sehr wohl Gewächse, die sich unbeeindruckt zeigten. Pflanzen fahren ihren Stoffwechsel herunter, um schwere Zeiten besser zu überstehen. Dieses Phänomen beobachten wir vor allem im mediterranen Raum, wo viele Pflanzen eine Art Sommerschlaf einlegen und im Herbst von den ersten Regenfällen wachgeküsst werden.

In diesen Situationen lernt man die wahrhaft Zähen kennen und schätzen. Drei Gärten an unterschiedlichen Standorten, drei verschiedene Erfahrungen mit Trockenheit. Im Nachhinein muss ich mir sagen, dass ich in meinem irischen Garten wohl cooler hätte bleiben können, aber da wusste ich noch nicht, wie anpassungsfähig Pflanzen sind. Zum Glück lernt man nie aus!

Formenvielfalt in meinem Garten: Chinaschilf (*Miscanthus*), Kugel-Lauch (*Allium sphaerocephalon*), Taglilien (*Hemerocallis*), Woll-Ziest (*Stachys*), Orientalisches Lampenputzergras (*Pennisetum orientale*), Blauraute (*Perovskia*) und Palisaden-Wolfsmilch (*Euphorbia characias*) verweben sich zu einem ganzjährig schönen Bild. Alle Pflanzen sind pflegeleicht und tolerieren ärmere Böden und Trockenheit.

Augen- und Bienenweide:
Viele Stauden wie die Rote Spornblume (*Centranthus ruber*) und Hänge-Glockenblumen (*Campanula poscharskyana*) sind wahre Anpassungskünstler und erobern charmant Fugen und Ritzen, in denen sonst nichts gedeiht. Eine bezaubernde grüne Wand, die abgesehen von einem Rückschnitt keinerlei Pflege erfordert.

## Adieu Idealbild

Das Wetter macht uns mit seinen Kapriolen manchmal das Leben schwer und scheint unberechenbarer zu werden. Wetterextreme – Stürme, heftige Regenfälle und lange, teils heiße Trockenperioden – machen das Gärtnern zu einer Herausforderung. Starke, austrocknende Winde verschärfen die Situation.

Gehölze haben meist tiefer gehende Wurzeln und können die Feuchtigkeit in tieferen Lagen nutzen. Somit zeigen sie später als Stauden Trockenstresssymptome. Sind die Blätter welk oder fallen bereits ab, haben wir nicht aufgepasst. Dazu sollten wir es nicht kommen lassen, denn selbst wenn die Pflanzen nicht verloren sind, so sind sie in der Folge oft geschwächt, anfälliger für Krankheiten und Schädlinge und wachsen langsamer. Schneller leiden Stauden, deren Wurzelwerk nicht so ausgeprägt und tiefgehend ist.

Sandige, durchlässige Böden trocknen entsprechend schneller aus als Lehmböden. Stauden-Phlox (*Phlox paniculata*), Sterndolde (*Astrantia*), Funkie (*Hosta*), Silberkerze (*Cimicifuga*), Goldkolben (*Ligularia*) und Bronzeblatt (*Rodgersia*) haben nur eine geringe Trockenheitstoleranz und schmollen schnell, wenn der Regen über längere Zeit ausbleibt. Auch Garten-Hortensien (*Hydrangea macrophylla*), Rhododendren und Lavendelheide (*Pieris*) lassen uns gleich ihren Unmut spüren. Auf sie sollten wir in Gärten, die zuverlässig eine monatelange Trockenheit heimsucht, verzichten. Neben den durstigen Gesellen gibt es jedoch eine Vielzahl von anpassungsfähigen Pflanzen. Einmal etabliert bieten sie Phasen der Trockenheit die Stirn und sind generell robuster. Trockenheit wird als Problem betrachtet, weil uns in unserem ästhetischen Verständnis das Vorbild des englischen Gartens geprägt hat, der ganzjährig üppig und grün ist und durch das milde, wohlmeinende Klima zudem eine enorme Pflanzenvielfalt begünstigt. Gartenmagazine und -bücher zelebrieren dieses Ideal und gaukeln uns vor, es sei das einzig Wahre. Wie bei allem, was in Stein gemeißelt scheint, lohnt es sich nachzuhaken.

Den ersten Schritt in Richtung Entspannung tun wir, indem wir die Gegebenheiten akzeptieren und aufhören, nach einem Ideal zu streben, das sich unter Umständen gar nicht oder nur mit viel Aufwand bei uns realisieren lässt.

## Kostbares Wasser

Was bedeutet der Garten für uns? Möchten wir weiter haareraufend den Schlauch durch die Gegend ziehen und schwere Gießkannen schleppen? Oder möchten wir eine Oase der Entspannung schaffen, in der Duft, Vielfalt und Leben herrschen?

Träumen Sie davon, an lauen Sommerabenden bei einem Glas Wein dem Gezirpe der Grillen zu lauschen und die Sterne zu beobachten anstatt heimlich, denn es gibt mal wieder ein Bewässerungsverbot, den kollabierten Phlox vor dem nahenden Tod zu retten?

Gehetzt eilt man nach einem langen Arbeitstag von einem Dürstenden zum nächsten und übersieht dabei den selten gewordenen Mittleren Weinschwärmer, der sich in der Dämmerung auf Nektarsuche macht. Dies oft vergeblich, da viele Gärten ohnehin grüne Wüsten sind und Insekten gleich entsetzt auf dem Absatz umdrehen lassen.

Verspüren Sie den Wunsch, im Hinblick auf den Planeten einen Teil zur Nachhaltigkeit beizutragen?

Wasser ist unser wertvollstes Gut. Es bedeckt 70 % unserer Erde, daher der Ausdruck Blauer Planet. Man sollte also meinen, es sei in Hülle und Fülle vorhanden, aber weit gefehlt: Nur bei 2,5 % handelt es sich um Süßwasser, der Rest ist Salzwasser. Von diesen 2,5 % ist jedoch nur etwa 1 % für den menschlichen Konsum verfügbar. 10 % der Weltbevölkerung haben keinen Zugang zu sauberem Wasser.

Es fällt uns schwer zu akzeptieren, dass alle Ressourcen der Erde begrenzt sind. Im Fall vom Wasser ist dieser Irrtum fatal, denn ohne Wasser gibt es kein Leben. So einfach ist das. Die Weltbank befürchtet, dass bis 2025 zwei Drittel der Bevölkerung unter Trinkwasserknappheit leiden werden.

Mehr als 2/3 des Wassers werden für Bewässerung genutzt. Das meiste in der Landwirtschaft, wo oft – wie im öffentlichen Raum oder Privatgärten – zur heißesten Zeit des Tages und zudem maßlos bewässert wird. Es gibt schließlich genug Wasser, oder etwa nicht? Zusätzlich üben Bevölkerungswachstum, Verstädterung, höherer Lebensstandard, Verschmutzung, Abholzung und Landwirtschaft einen enormen Druck auf die Wasserqualität aus.

Ein verantwortungsvoller Umgang mit den Ressourcen ist die Pflicht eines jeden. Kluge Pflanzenwahl, sparsame Verwendung, Sammeln von Regenwasser und Verwendung von Grauwasser – dies alles tut nicht weh und macht einen großen Unterschied. Die ganz Mutigen unter uns gehen sogar so weit, mit ihrem wertvollen Urin die Sträucher zu düngen oder dem Kompost auf die Sprünge zu helfen, anstatt jedes Mal die Toilettenspülung zu betätigen. Stellen Sie sich vor, wie viel Wasser wir mit diesen einfachen Maßnahmen sparen können!

## Rasen um jeden Preis?

In einem Garten, der jedes Jahr von monatelanger Trockenheit heimgesucht wird, sollte man sich vom Wasserschlucker Nr. 1, dem Rasen, trennen (problemlos bei kleinen Grundstücken) oder auf Kräuterrasen umsteigen (empfehlenswert bei großen Anlagen), der weniger aufwendig ist und nach Dürreperioden bereitwillig wieder austreibt.

Rasenfetischisten bricht bei diesem Vorschlag der kalte Schweiß aus, denn der perfekte Rasen ist nicht selten Statussymbol und Lebensinhalt. Ihr Motto ist „Zeig mir deinen Rasen, und ich sage dir, wer du bist.“ Was mein chaotischer, ungestüm blühender Kräuterrasen wohl über mich preisgäbe? Eine anarchistische Gesinnung vielleicht? Mein Motto geht mehr in die Richtung „Zeige mir deinen Garten, und ich sage dir, ob du noch zu retten bist“.

Rasenfetischisten verbringen einen Großteil ihres Lebens mit Vertikutieren, Moos- und Unkrautbekämpfung, Düngen, Mähen ... und Bewässern natürlich! Abgesehen vom vielen Gift handelt es sich um eine enorme Verschwendung von Ressourcen. Allein in Großbritannien werden jährlich rund 54 Mio. Pfund für Rasendünger ausgegeben. Dünger und Unkrautmittel landen in unserem Grundwasser. Hinzu kommt die zusätzliche Ressourcenverschwendung bei Produktion und Mähen. Ironischerweise wird vor allem in regenarmen, heißen Gebieten das Ideal des englischen Rasens bis auf Blut verfolgt. Gedanken um die Nachhaltigkeit macht sich keiner.

Viele klammern sich verzweifelt an das makellose Grün, als ob sein Dahinschwinden mit jenem der eigenen Identität und Überzeugungen einherginge. In einer englischen Zeitung las ich, es gäbe kein besseres Mittel, das eigene Seelenheil wiederherzustellen, als mit dem Rasenmäher seine Runden zu drehen. Hängt das Seelenheil wirklich vom makellosen Rasen ab? Und was ist eigentlich die Definition von „makellos“?

Innovative Menschen, denen das Wohl des Planeten am Herzen liegt, haben sich mit möglichen Alternativen auseinandergesetzt. In milderen Regionen Europas sieht man vermehrt Anlagen mit dem aus Asien stammenden Gras *Zoysia tenuifolia.* Es verträgt Trockenheit, arme Böden und ist bis etwa −10 °C frosthart, wobei es ab −5 °C gelb wird, aber im Frühjahr wieder austreibt. Staunässe mag es aber gar nicht. Da es extrem langsam wächst, muss es fast nicht gemäht werden und ist von daher besonders attraktiv für Parkanlagen, da Ausgaben für städtisches Grün kontinuierlich gekürzt werden.

In kalten, trockenen Regionen bildet das Hundszahngras (*Cynodon dactylon*) hübsche, graugrüne und trockentolerante Teppiche aus. Es verbreitet sich über rhizomartige Ausläufer und wächst sehr dicht. Es kommt ursprünglich aus tropischen und subtropischen Gefilden, ist aber bei uns absolut frosthart. In den USA findet es bereits als Rasengras Verwendung. Im Winter wird es ebenfalls etwas blass, aber das ist in rauen Lagen auch bei normalem Gras der Fall.

Stauden wie Thymian (*Thymus serpyllum, T. praecox* 'Bressingham', *Thymus hirsutus, Thymus* 'Elfin'), Kriechender Hauhechel (*Ononis repens*) und Teppichverbene (*Lippia nodiflora*) sind perfekte Bodendecker für kleinere Flächen und arme, durchlässige Böden in der Sonne. Man kann sie in Maßen betreten, sie sind aber besser in Kombination mit Trittplatten oder Kies. In schattigeren Gärten erweist sich die grasartige Liriope (*Liriope spicata, L. muscari*) als prima Bodendecker und Rasenersatz.

Denkbar ist auch ein bunter, vielfältiger Teppich, für den wir die anspruchslosen Gräser mit den Blühstauden kombinieren und allem einmal pro Jahr mit dem Rasentrimmer einen Kurzhaarschnitt verpassen.

Mein kleiner Diskurs mag wie ein Appell zur Rasenrevolution anmuten, dient aber vor allem der geistigen Anregung. Wasser wird vielerorts knapper. Wir können diese Tatsache nicht ignorieren und auf dem gleichen Kurs weiterfahren.

Ein genügsamer Rasen ohne Düngen, Bewässern und ständiges Mähen liegt im Bereich des Möglichen. Friedvolle Wochenenden ohne das Heulen von Rasenmähern in der Nachbarschaft, stattdessen mit dem geschäftigen Summen der Insekten – ist das nicht eine schöne Vorstellung?

## Kulturelle Vielfalt

Pflanzen sind gezwungen, sich zu adaptieren, und über die Jahrtausende haben sie das bewundernswert getan. Die schönsten Gärten sind jene, die sich an die klimatischen, lokalen Bedingungen angepasst haben, oder besser: deren Gärtner sich angepasst haben. Anpassung ist das Zauberwort!

Solche Gärten sitzen mit spürbarer Nonchalance in ihrem Umfeld und fühlen sich einfach gut an. Sie sind eins mit sich, ihrer Umgebung und ihren Besitzern.

Es ist ein Irrtum zu meinen, es gäbe keine zauberhaften, trockenheitstoleranten Gärten. In den letzten Jahren hat es zwar einiges an Literatur zu diesem Thema gegeben, aber das Ideal englischer Gärten ist fest in unserer Mentalität verankert und lässt sich schwer verdrängen. Wir müssen uns mehr öffnen, umdenken und diesen Stil als Teil einer facettenreichen Gartenlandschaft und nicht als oberstes Gesetz betrachten.

Trockenheitstolerante Gärten gehen oft einher mit Artenvielfalt, denn in ihnen dominieren nicht die Monokultur Rasen, Koniferen und hungrige, durstige, oft sterile Prachtstauden. Die Gärten leben. Es flattert, zirpt, zwitschert, rauscht, singt … und unser Herz darf mitsingen, -tanzen und sich freuen.

Die genügsame Italienische Strohblume (*Helichrysum italicum*) hat sich bestens angepasst und fühlt sich wohl in Felsspalten. Dort findet sie Wärme und eine gute Drainage.

# ÜBERLEBENSKÜNSTLER – PFLANZLICHE INTELLIGENZ

An die 75 000 Pflanzenarten müssen an ihrem Naturstandort mit saisonaler Trockenheit zurechtkommen. Die meisten trockenheitstoleranten Pflanzen kommen aus Gebieten mit mediterranem Klima oder deren Randgebieten: Chile, die südafrikanische Kap-Region, Kalifornien, der Südwesten Australiens und das Mittelmeergebiet selbst. Die dort vorkommenden Habitate sind so vielfältig wie die Pflanzen und umfassen Steppen, Berge und wüstennahe Zonen.

Natürlich sind nicht alle Vertreter für unsere Gärten geeignet, aber wenn man jene abzieht, die sehr frostempfindlich sind, bleiben immer noch genug für eine interessante, vielfältige Gestaltung übrig. Viel hängt von der Experimentierbereitschaft des Gärtners ab. Erfahrungsgemäß entwickeln Pflanzenfreaks mit der Zeit ein Gefühl für das, was möglich ist, und ein Auge für passende Kandidaten. Ein Blick auf die Beschaffenheit des Laubs gibt oftmals Aufschluss. So haben Gewächse mit nadelartigem oder grauem Laub weniger Wasserbedarf. Gärtnern bedeutet kontinuierliches Lernen und Wachsen. Dieses Lernen beschränkt sich nicht auf die eigene Scholle, sondern geschieht im Vorübergehen. Ist man auf Reisen, Wanderungen, Spaziergängen mit offenen Augen unterwegs, dann lüften sich die Geheimnisse der Natur auf entspannte Weise, ganz ohne Zwang und Lehrbuch.

Wir laufen über Geröllhänge, auf denen sich Hunderte von eleganten Königskerzen (*Verbascum*) niedergelassen haben. Beim Wandern im Wallis zaubert der Kugel-Lauch (*Allium sphaerocephalon*) purpurne Farbtupfer auf karge Felssteppen. Aufgrund der vorherrschenden Bedingungen ist er zierlicher als in unseren Beeten. Er überlebt nicht nur, er gedeiht und versamt sich ungeniert, vielleicht besser als in dem verhätschelten Umfeld unserer Gärten. Bereits im Spätwinter öffnen sich in Sizilien die Glöckchen der Großen Wachsblume (*Cerinthe major*). Sie versamt sich nach der Blüte, keimt nach den ersten Regenfällen im Spätsommer oder Herbst und bildet über den Winter kleine Kissen, um – sobald die Temperaturen es zulassen – erneut den Blütenreigen einzuleiten. Im Herbst ergießt sich der Französische Ahorn (*Acer monspessulanum*) wie ein loderndes Flammenmeer über trockene Berghänge im Mittelmeerraum.

Die Italienische Strohblume (*Helichrysum italicum*) schmiegt sich an flechtenbewachsene Felsen in den Pyrenäen. Ähnliche Beobachtungen machen wir natürlich in frischen, feuchten Habitaten und wissen deshalb, dass Schachbrettblumen (*Fritillaria meleagris*) in Feuchtwiesen gedeihen.

Aus diesen Wahrnehmungen destilliert sich unser Wissen um die Bedürfnisse der Pflanzen, von denen viele bereits ihren Weg in unsere Gärten gefunden haben, die aber aus Mangel an Verständnis oft falsch kultiviert werden.

Tipp: Augen auf bei verlassenen und vernachlässigten Gärten und Grundstücken. Sie geben preis, wer ohne Hätschelei durchs Leben kommt. Je mehr wir lernen, desto mehr wächst unsere Lust am bewussten Experimentieren. Bewusstes Experimentieren basiert auf Erkenntnissen und unterscheidet sich grundlegend von kopflosem Experimentieren, wenn man z. B. einem Spontankauf nicht widerstehen kann. Bewusstes Experimentieren birgt mehr Erfolgserlebnisse und macht somit mehr Spaß.

## Die Eiligen

Einjährige Pflanzen leben kurz und intensiv. Sie lavieren sich mit einem zeitigen Tod durch und vervollständigen ihren Lebenszyklus in vielen Fällen, bevor die große Hitze des Sommers über sie hereinbricht. Zu ihnen gehören der Kalifornische Kappenmohn (*Eschscholzia californica*) und der Klatsch-Mohn (*Papaver rhoeas*). In ihrer Heimat blühen sie für gewöhnlich im späten Frühjahr oder Frühsommer, nur in Mitteleuropa verschiebt sich die Blüte an manchen Orten nach hinten.

Der Samen wird vor dem Absterben verstreut, so sichert sich die Pflanze das Fortbestehen, sobald die Bedingungen es zulassen. Das muss nicht unbedingt im nächsten Jahr sein. Samen sind geduldig und warten auf den richtigen Moment.

Viele Einjährige kleiden sich heiter und farbenfroh. Sie dürfen keine Zeit verlieren und müssen in einem extrem kurzen Zeitraum viele Bestäuber anziehen, um ihre Zukunft zu sichern. Geschäftiges Brummen und Summen liegt in der Luft, wenn wir durch Mohnwiesen streifen. Blüten senken sich unter dem Gewicht trunkener Hummeln und Bienen.

Sie sind nicht nur ein Geschenk für Insekten, sondern auch für uns, denn sie geben uns für wenig Einsatz unendlich viel zurück und sind ideale Lückenfüller. Kahle Stellen sind der Feind eines jeden Gärtners, und gerade bei der Neuanlage von Beeten können wir diesen mit Einjährigen entgegenwirken.

## Geduld ist eine Tugend

Nicht nur Gärtner müssen sich in Geduld üben, sondern auch die Zwiebelblumen, Saison-Stars und als solche nicht aus der Gestaltung wegzudenken.

Ähnlich wie Einjährige verschwinden viele Geophyten vor der großen Sommerhitze und halten unterirdisch eine kühle, wohlverdiente Siesta. Anders als Einjährige legen sie während ihrer Vegetationsphase wichtige Nährstoff- und Wasservorräte in ihren Knollen, Rhizomen und Zwiebeln an, um magere, ungünstige Zeiten überstehen zu können. Die meisten Geophyten lassen sich übrigens durch Teilung oder Aussaat leicht vermehren. Sie spiegeln wie keine andere Pflanzengruppe den Wandel der Jahreszeiten wider. Herbst-Zeitlose (*Colchicum*) im Herbst, Narzissen (*Narcissus*) und Tulpen (*Tulipa*) im Frühling, Zierlauch (*Allium*) im Frühsommer – was wären unsere Gärten ohne sie? Mit Zwiebelblumen pflanzen wir Hoffnung, und die Mühsal des Vergrabens verblasst im Angesicht ihrer blühenden Pracht. Tipp: Für trockene Gärten eignen sich vor allem Wildtulpen aus asiatischen Bergregionen (*Tulipa clusiana, T. greigii, T. humilis, T. linifolia, T. orphanidae, T. turkestanica*).

## Clever verwurzelt

Viele trockenheitstolerante Pflanzen haben ein ausgeklügeltes Wurzelsystem entwickelt: Eine Pfahlwurzel in Verbindung mit einem Netz von Feinwurzeln hilft ihnen, jeden Tropfen Niederschlag zu nutzen. Manche wandern auf ihrer Suche nach Feuchtigkeit über 100 m tief.

Die Wurzel einer 300-jährigen Eiche in der Höhle von Pech Merle im französischen Departement Lot zeigt eindrücklich, wie Not erfinderisch macht. Die „Causse“ ist ein weitläufiges Kalkplateau, auf dem raue Bedingungen und eine dünne Humusschicht vorherrschen. Eine Eichenwurzel ist in 14 m Tiefe zu bestaunen. Wie tief sie letztlich geht, werden wir wohl nie erfahren. In der Höhle „Echo Caves“ in Südafrika stießen Forscher in 120 m Tiefe auf Wurzeln wild wachsender Feigen (*Ficus carica*). Dank eines schleimigen Sekrets arbeiten sich Feigenwurzeln durch massive Erd- und Gesteinsschichten. Viele Feigen wachsen in Felsen und Mauern, lassen aber ihre „Füße“ heimlich viel weiter unten im Wasser baumeln. Die Hauptsache spielt sich also unterirdisch und fern von unseren Augen ab. Wundersame Natur.

Pflanzen, denen dieses tiefgehende, hartnäckige Wurzelsystem fehlt, machen in trockenen Phasen schneller schlapp. Wichtig: Um ein feines Wurzelwerk zu fördern, darf nie zu viel gegossen werden, denn sonst werden die Pflanzen faul und anstatt sich zu bemühen, sitzen sie da und warten bis wir Gärtner mit der Gießkanne oder dem Schlauch anrücken.

## Die Knauser

Während der Fotosynthese wird der Luft Kohlendioxid entzogen und Sauerstoff freigesetzt. Bei diesem Prozess verdunsten Pflanzen Feuchtigkeit durch ihre Poren (Stomata). Zur Reduzierung der Verdunstung haben manche Pflanzen dicke, ledrige Blätter entwickelt, die von einer undurchlässigen, glänzenden Schicht überzogen sind. Die Poren befinden sich auf der sonnenabgewandten Blattunterseite und werden von Härchen

geschützt, welche winzige, wasserdampfgesättigte Räume schaffen. Zusätzlich ziehen sich die Poren im Sommer zusammen. Welch cleverer Schachzug!

Die Pflanze gibt wirklich alles, um ungeschoren davon zu kommen. Hartlaubgewächse (Sklerophyllen) wie Lorbeer (*Laurus nobilis*), Oleander (*Nerium oleander*), Kreuzdorn (*Rhamnus*), Fraser's Glanzmispel (*Photinia × fraseri*) und Buchs (*Buxus*) können dadurch lange Phasen von Trockenheit überstehen, ohne Schaden zu nehmen. Viele sind immergrün und bilden den für die Gestaltung wichtigen strukturstarken Rahmen. Beobachten wir das Laub von Oleander an heißen Tagen, so stellen wir fest, dass sich seine Blätter drehen und er nur die Blattkanten der Sonne preisgibt.

Die Garrigue im südfranzösischen Departement Hérault mag auf den ersten Blick feindselig wirken. Tatsächlich beherbergt sie eine hochspezialisierte Pflanzengemeinschaft mit nicht weniger als 2000 Arten. Sie alle haben sich an den kargen Boden und lange heiße, trockene Sommer gewöhnt. Der würzige Geruch aromatischer Sträucher ist typisch für diese Region.

## Aromatherapie – Duft als Schutz

Viele trockenheitstolerante Gewächse kommen aus dem mediterranen Raum. Wer kennt nicht den würzigen, herben, nahezu betörenden Geruch, der uns im Süden auf Schritt und Tritt begleitet? Der Duft von Zistrosen, Rosmarin, Salbei, Thymian und Lavendel vereint sich in der Garrigue zu einem einzigartigen Potpourri. Dieses Bouquet wird ganz und gar eigennützig produziert und nicht etwa zu unserem Vergnügen: Mit ihren Ausdünstungen schützen sich die Pflanzen vor Fressfeinden, halten sich die Konkurrenz vom Leib und reduzieren ihre Verdunstung. Drei Fliegen mit einer Klappe! Wenn man bedenkt, wie gut sie sich gegen Überweidung und Feuer schützen, sind es sogar fünf Fliegen!

Die Duftöle werden von spezialisierten Drüsenhaaren produziert. Die Verdunstung ätherischer Öle hat einen kühlenden Effekt auf die unmittelbare Umgebung der Pflanze. Je stärker eine Pflanze riecht, desto resistenter ist sie gegen Hitze.

Diese Aromaessenzen sind Teil des allelopathischen Effektes: Hierbei werden beim pflanzlichen Stoffwechsel hemmende Substanzen produziert, welche durch Verdunstung oder in flüssiger Form (z. B. Wurzelexsudate) oder fester Form (z. B. verrottende Pflanzenteile wie Laub) an die unmittelbare Umgebung abgegeben werden. Dies erklärt, warum unter unserer Walnuss nichts anderes wachsen mag, oder warum es in der Nachbarschaft von Thymian und Lavendel kein Unkraut gibt. Allelopathie wirkt auch umgekehrt. Gemüsegärtner beherzigen ihre positiven Auswirkungen schon lange, indem sie Pflanzen kombinieren, die ihr gegenseitiges Gedeihen fördern. Diese Eigenschaft kann man sich auch in der Gestaltung des Ziergartens zunutze machen. Mit der richtigen Wahl werden Unkräuter unterdrückt, Krankheitserregern und Fressfeinden das Leben schwer gemacht und gleichzeitig Bestäuber und Nützlinge angelockt.

### ALLELOPATHIE – DIE GEHEIME SPRACHE DER PFLANZEN

- Basilikum (*Ocimum*) kann Mehltau anderer Pflanzen abwehren
- Beinwell (*Symphytum*) fördert das Wachstum
- Scheinakazien hemmen durch Wurzelausscheidungen die Entwicklung ihrer Nachbarn
- Studentenblumen (*Tagetes*) wirken wachstumsfördernd bei Rosen und dämmen Ackerwinden und Quecken ein
- Waldmeister (*Galium odoratum*) und Wermut (*Artemisia*) unterdrücken Unkrautwuchs durch Wurzelexsudate
- Dill (*Anethum graveolens*) wehrt Krankheiten bei Gurken, Möhren, Salat und Zwiebeln ab und fördert die Keimung

## Grau und haarig – exzellenter Sunblocker

Während Pflanzen mit grünem Laub Wärme absorbieren, tun solche mit grauem Laub genau das Gegenteil: Weiße Härchen auf den Blättern reflektieren das Sonnenlicht, verlangsamen die Luftzufuhr auf der Oberfläche und reduzieren so Hitze und Verdunstungsrate. Graulaubige Pflanzen wie Zistrosen (*Cistus*), Woll-Ziest (*Stachys byzantina*), Echter Salbei (*Salvia officinalis*) und Strauchiges Brandkraut (*Phlomis fruticosa*) können durch ihre Haare Tautropfen einfangen, die länger brauchen, ehe sie verdunsten, und dadurch ein Kleinklima schaffen. Wenn man graue und haarige Pflanzen in den Kies- oder Steppengarten integriert, dann steht einem Garten ohne Gießen – wenn die klimatischen Bedingungen stimmen – nichts mehr im Weg.

## Voller Saft und Kraft

Jeder kennt Sukkulenten wie Fetthenne (*Sedum*), *Aeonium, Agave, Aloe, Cotyledon,* Eiskraut (*Mesembryanthemum*) mit ihren typischen fleischigen Blättern. Kakteen haben das Laub sogar fast ganz zurückgebildet und Dornen entwickelt.

Manche Sukkulenten speichern Feuchtigkeit auch in Stämmen (Kakteen) oder Wurzeln (*Pelargonium, Oxalis*). Sukkulenten haben besonders große Zellen, in denen sie Wasser speichern können. Auf diese Weise können ihnen Trockenperioden nichts anhaben. Sukkulenten sind klug, denn sie öffnen ihre Poren nur in der Nacht, wenn die Temperatur niedriger und die Verdunstungsrate geringer ist. Das Laub ist häufig walzenförmig, klein oder kugelig und von einer Wachsschicht überzogen. Andere Gattungen sind haarig oder dornig. Alle haben jedoch ein Ziel: die Verdunstung zu reduzieren.

Frostharte Arten wie die Hundertjährige Agave (*Agave americana*), Feigenkaktus (*Opuntia*) und Rotrandige Aloe (*Aloe striata*) finden Verwendung in Beeten, andere wie *Aeonium* 'Zwartkop', sind wertvolle Kübelpflanzen. Wenn wir uns bei der Kultur stets ihr natürliches Habitat vor Augen halten, können sie auch bei uns gedeihen.

Sukkulenten besiedeln karge Standorte und überstehen Trockenheit dank ihrer feuchtigkeitsspeichernden Blätter. Manche Arten sind perfekt für Töpfe und architektonische, moderne Gärten. Das Bild zeigt einen lustig aussehenden Kaktus der Gattung *Cylindropuntia* – Kakteen haben sich perfekt an ihr Habitat angepasst, indem sie ihr Laub zu Dornen reduzierten, was die Verdunstung extrem verringert.

# BODENARTEN UND IHRE EIGENSCHAFTEN

Böden zeichnen sich durch verschiedene Eigenschaften aus und werden in drei Hauptkategorien eingeteilt. Viele setzen sich aus unterschiedlichen Komponenten zusammen, z. B. sandigen oder tonigen Lehm/Schluff. Fingerproben geben einen ersten Eindruck. Wenn Sie es genau wissen möchten, senden Sie eine Bodenprobe an ein Labor.

Bei den Düngeempfehlungen ist jedoch Vorsicht angebracht, denn hier wird gern ein Rezept für alle Fälle angeboten. So einfach ist es aber nicht, z. B. mögen viele Präriestauden und Gräser fette Böden nicht.

Böden abzumagern oder etwa ganz auszutauschen, ist im Hinblick auf den ökologischen Fußabdruck nicht vertretbar. Es gibt für jede Situation eine sowohl passende wie auch attraktive Bepflanzung. Betrachten wir es doch als intellektuelle Herausforderung, aus unseren Gegebenheiten das Beste zu machen.

### WAS BEDEUTET PUFFERUNG?

Unter Pufferkapazität des Bodens versteht man die Fähigkeit, zugefügte saure oder basische Einflüsse auszugleichen.
Lehmige Böden tun dies z. B. bei Überdüngungen recht gut. Leichte Böden hingegen können aufgrund ihrer armen Zusammensetzung saure Substanzen schlecht neutralisieren und sind anfälliger für Schwankungen.
Der Bodentyp beeinflusst zudem die Fähigkeit, Schadstoffe zu binden oder abzubauen.

## BODENARTEN

| **Sandboden (leichter Boden)** | **Lehm- und Schluffboden (mittelschwerer Boden)** | **Tonboden (schwerer Boden)** |
|---|---|---|
| geringes Speichervermögen | gutes Speichervermögen | hohes Speichervermögen |
| schnelles Austrocknen | gute Dränage | schlechte Dränage |
| nährstoffarm | ausgeglichene Abgabe von Nährstoffen/Wasser | teils mangelnde Abgabe von Nährstoffen/Wasser |
| schlechte Pufferung | gute Pufferung | gute Pufferung |
| schnelle Erwärmung | mäßige Erwärmung | schlechte Erwärmung |
| leichte Bearbeitung | mittelschwere Bearbeitung | neigt zum Verdichten |

## Sandböden – Schmale Kost

Sandige Böden fühlen sich körnig an, sind nicht formbar und ihre Körnchen oder Partikel haben eine Größe von 0,06–2 mm. Sie lassen sich gewöhnlich leicht bearbeiten und sind sehr gut durchlässig, solange der Unterboden nicht verdichtet ist.

Böden, denen es an organischem Material mangelt, sind kritisch, denn hier kleben Erdpartikel oft zusammen und machen Wurzeln und Dränage das Leben schwer. Grobe Sandböden trocknen schnell aus und neigen aufgrund schlechter Pufferung zum Versauern. Sandböden erwärmen sich im Frühjahr jedoch schneller als Lehm.

Der Nährstoffgehalt ist niedrig. Eine sorgsame Pflanzenwahl ist angesagt, damit man später nicht auf fragwürdige oder umweltschädigende Maßnahmen wie ständiges Bewässern und Düngen zurückgreifen muss. Organisches Material wie Kompost, Laubmulch und gut verrotteter Mist verbessern die Speicherkapazität und Bodenfruchtbarkeit. Man rechnet mit 1–2 Eimern pro Quadratmeter.

## Lehm- und Schluffböden – Ausgeglichene Kost

Lehmige Böden enthalten Ton, Schluff und Sand zu etwa gleichen Teilen. Überwiegt ein Bestandteil reden wir von sandigem oder tonigem Lehm.

Bei Schluff handelt es sich um Lössboden, der durch Windablagerungen entstanden ist. Es gibt diesen Bodentyp in Variation mit Sand oder Lehm. Er kommt überwiegend in gemäßigten Klimazonen vor. Die Partikel variieren zwischen 0,002–0,06 mm im Durchmesser. Lehm lässt sich mit den Fingern formen, wird aber rissig. Die Reibeflächen sind matt. Beide Böden lassen sich gut bearbeiten und zeichnen sich durch fast ausnahmslos positive Eigenschaften aus. Im Frühjahr erwärmen sie sich relativ schnell, speichern die Feuchtigkeit und sind gut durchlässig. Eine ausreichende Durchlüftung und Durchwurzelung ist gewährleistet. Die Pufferung ist gut.

Unsere Pflanzenpalette hängt vom Bodentyp ab. Bevor wir irgendeine Entscheidung treffen, müssen wir unsere Scholle kennenlernen. Berühren und Fühlen erwünscht!

Sandiger Schluff neigt schneller zum Austrocknen und bei starkem Niederschlag verschlämmt die Oberfläche. Am besten ist Lehmboden mit seiner ausgeglichenen Rezeptur. Überwiegt bei Lehm der Tonanteil, neigt er zum einen oder anderen für Tonböden typischen Problem, welches sich mithilfe von organischem Material und Sand lösen lässt.

## Tonboden – Der harte Brocken

Tonboden erwärmt sich im Frühjahr nur langsam, hat aber gute Puffereigenschaften und ein hohes Speichervermögen. Bei höherem Schluff- und/oder Sandanteil wird er als lehmiger Ton bezeichnet. Die Partikel sind kleiner als 0,002 mm im Durchmesser. Ton lässt sich wie Lehm gut formen und rollen. Im Gegensatz zum Lehmboden glänzen die Reibeflächen, und man behält schmutzige Hände. Die Abgabe von Nährstoffen und Wasser erweist sich manchmal als kritisch. Pflanzen müssen sich anstrengen, um Wurzeln zu schlagen. Der Boden lässt sich schwer und nur zu bestimmten Zeiten im Jahr bearbeiten. Wenn er im Sommer austrocknet, nimmt er die Konsistenz von Beton an, und es entstehen Risse an der Oberfläche. Pflanzen zeigen in Lehm- und Tonböden erst nach längerer Zeit Trockenstresssymptome, weil unter der Oberfläche die Feuchtigkeit lange gespeichert wird. Jedoch setzen schlechte Durchlüftung und Staunässe vielen Pflanzen zu. Schwere Böden wie Ton sollten nach starken Regenfällen tunlichst wenig betreten werden, um Verdichtungen zu vermeiden. Wie bei den anderen Bodentypen wirken Kompost und Mist Wunder, grober Sand kann die Dränage unter Umständen verbessern, allerdings benötigt man hierfür größere Mengen.

In niederschlagsärmeren Regionen können wir bei Lehm- und Tonböden aufgrund deren guter Wasserspeicherkapazität auch Stauden mit etwas höherem Wasserbedarf (z. B. *Rudbeckia, Lysimachia, Lythrum*) wählen.

## Steinreich

Böden kommen in vielen Varianten daher, nicht selten auch mit Steinen in allen Größen.

Inwiefern man diese akribisch entfernt, hängt von der Energie, der Kraft und dem Enthusiasmus des Einzelnen ab. Manche Böden bestehen fast nur aus Steinen oder Geröll. In diesem Fall würde das Entfernen innerhalb kurzer Zeit zur Sisyphos-Aktion, da arrangiert man sich besser mit seinem Los. Hier ist es leichter, sich vom Traum der üppigen Rabatte zu verabschieden und gleich einen Steingarten oder eine Felssteppe einzuplanen. Bei kleineren Steinen kann man ein Auge zudrücken, denn die meisten Pflanzen arrangieren sich. In schweren Böden sind kleinere Steine sogar von Vorteil, weil sie die Dränage fördern.

# BIOLOGISCHE VIELFALT

Lebendige, vielfältige Gärten beherbergen eine erstaunliche biologische Vielfalt. Wahrscheinlich wären Sie verblüfft, was da alles kreucht und fleucht. Diese Vielfalt beschränkt sich nicht aufs Land, sondern ist auch in den Städten vorhanden.

Trockenheitstolerante Pflanzen sind aufgrund ihrer nektarreichen, duftenden Blüten oft attraktiv für Insekten. Fetthenne (*Sedum*), Lavendel (*Lavandula* sp.), Majoran (*Origanum*), Salbei (*Salvia* sp.), Thymian (*Thymus* sp.), Rosmarin (*Rosmarinus officinalis*), Schafgarbe (*Achillea* sp.), Mannstreu (*Eryngium* sp.), Mohn (*Papaver*), Königskerze (*Verbascum*), Sonnenröschen (*Helianthemum*) sind nur einige Beispiele, auf die Insekten begeistert fliegen. Sie sind manchmal so umschwärmt, dass man kaum mehr die Blüten sieht.

Vor allem die Gattung Salbei (*Salvia*) bietet einige interessante, trockenverträgliche Arten wie Silberblatt-Salbei (*S. argentea*), Herbst-Salbei (*S. greggii*), *Salvia microphylla*, Steppen-Salbei (*S. nemorosa*), Muskateller-Salbei (*S. sclarea*) und natürlich den echten Salbei (*S. officinalis*). Ein- oder zweijährige Blumen wie Nachtviole (*Hesperis matronalis*), Gemshorn (*Matthiola bicornis*) und Garten-Resede (*Reseda odorata*) betören in der Dämmerung und bei Nacht Nachtfalter und Menschen mit ihrem berauschenden Duft. Alle drei wandern gern durch den Garten und besiedeln freie Stellen.

Zypressen-Wolfsmilch (*Euphorbia cyparissias*), von vielen als Unkraut verschmäht, ist ein schmucker, anspruchsloser, ganzjährig attraktiver Bodendecker für sonnige, trockene Problemstandorte unter Bäumen und Sträuchern. Zudem steht sie auf dem Speiseplan der Raupe des schillernden Wolfsmilchschwärmers (*Hyles euphorbiae*) ganz oben.

Die Raupe des Mittleren Weinschwärmers (*Deilephila elpenor*) labt sich an Weidenröschen (*Epilobium*), Fuchsien, Blutweiderich (*Lythrum*) und Nachtkerze (*Oenothera*) – alle vertragen Trockenheit bestens.

Der Wolfsmilchschwärmer ist in jedem Stadium faszinierend: Die Raupe erkennt man leicht an ihrem roten Horn und der markanten Zeichnung. Die Zypressen-Wolfsmilch, ein Trockenkünstler und emsiger Bodendecker, zählt zu ihrer bevorzugten Nahrung. In Südeuropa ernähren sich die Raupen auch von Palisaden-Wolfsmilch (*Euphorbia characias*).

Bild links: Der Schmetterlingsflieder (*Buddleja*) ist zwar kein heimisches Gehölz, erfreut sich aber bei Insekten größter Beliebtheit. Selbstaussaat lässt sich leicht durch rechtzeitiges Entfernen der Blütenstände verhindern.

Decken wir den Tisch reich für Insekten, so kommen Vögel, Eidechsen, Fledermäuse. Gemeinsam beleben sie den Garten und garantieren unvergessliche Begegnungen und Naturbeobachtungen.

Wenn wir unser grünes Paradies so gestalten, dass der Aufwand für Gießen, Düngen und Aufbinden überzüchteter Prachtstauden reduziert wird, haben wir weniger Arbeit und mehr Zeit zum Genießen. Gleichzeitig schaffen wir einen harmonischen Rückzugsort für uns und die Tierwelt. Das bedeutet nicht den Verzicht auf ordnende, strukturierende Elemente und reiche Blütenpracht. Wir müssen uns auch nicht auf heimische Kandidaten beschränken.

Bei der Diskussion über die Rolle endemischer Pflanzen in der Gartengestaltung, rücken bislang unbeachtete Vertreter ins Rampenlicht, die den Garten auf mehreren Ebenen bereichern.

Zweifellos spielen sie eine bedeutende Rolle für unsere heimische Fauna, aber ich halte nichts von extremistischen Ansichten egal welcher Couleur und plädiere für Vielfalt.

Auch zugewanderte Arten können einen wertvollen Beitrag leisten, wenn man von den invasiven einmal absieht. Wie Trockenheit ist invasives Gebaren relativ und von lokalen Bedingungen abhängig.

So sorgt der aus China kommende Schmetterlingsflieder (*Buddleja davidii*) für hitzige Gemüter, dabei ist er eine wertvolle Nektarpflanze für Schmetterlinge und andere Insekten. Eine wahre Augenweide an sonnigen Tagen. Durch regelmäßiges Entfernen von Verblühtem verlängern wir die Saison und verhindern die Selbstaussaat. Arten wie *Buddleja × weyeriana* und *B. lindleyana* benehmen sich hochanständig. Erstere blühen wesentlich reicher und länger als *B. davidii*.

Uns steht heute eine enorme Pflanzenpalette zur Verfügung. Warum sollten wir uns nur auf endemische Pflanzen beschränken? Gerade im Gartenland England, das nur wenige endemische Arten besitzt, würde diese Auflage ein ernüchterndes Bild heraufbeschwören. Ein moderner oder naturalistischer Garten ohne Patagonisches Eisenkraut (*Verbena bonariensis*) und beliebte Präriestauden (*Echinacea, Symphyotrichum*) ist mittlerweile kaum denkbar.

In den letzten 60 Jahren ist die Hälfte aller Tiere und Pflanzen bei uns verschwunden. Ist es da wirklich angebracht, eine nationalistische Gesinnung an den Tag zu legen, wenn wir auch mit nicht-endemischen Arten Gutes tun können? Je vielfältiger unsere Gärten sind, umso mehr kommt es der Tierwelt zugute. Mit Duft, Farben, aromatischem Laub und Beeren wird der trockenheitstolerante Garten zu einer Oase für alle Sinne, in der wir der Natur und uns ein Stückchen näher sind.

Aromatische Pflanzen sind Insektenmagneten: Majoran (*Origanum majorana*) zeichnet sich durch eine lange Blüte aus und ist eine wertvolle Nektarquelle. Die Blätter finden in der Küche Verwendung. So begeistert wie er blüht, versamt er sich, deshalb sollte Verblühtes regelmäßig entfernt werden. Sorten von *Origanum laevigatum* sind weniger problematisch.

# Die Praxis

Auf dem Weg zum persönlichen Gartentraum gibt es Fragen über Fragen. Auf den folgenden Seiten destilliere ich die wichtigsten heraus. Welche Verhältnisse sind günstig für einen trockenheitstoleranten Garten? Wie gehe ich mit schwierigen Lagen und Böden um? Welcher Stil ist der richtige für mich? Und nicht zuletzt stellt sich uns die Frage nach den Pflegemaßnahmen, die sich in Grenzen halten und möglichst umweltverträglich sein sollen.

# WIE MAN SICH BETTET ...

Trockenheitstolerante Pflanzen mögen auf Dauer keine nassen Füße. Solange der Boden einigermaßen durchlässig ist, gibt es für alle Bodenarten Pflanzen, die mit Trockenphasen zurechtkommen. Mediterrane Gewächse benötigen jedoch eine sehr gute Dränage und mäßig nährstoffreiche Substrate. Meistens ist es nicht die Winterkälte, die ihnen ein Ende bereitet, sondern die Kombination von Kälte und Nässe. Ein weiterer Faktor für Kälteresistenz ist das Alter der Pflanze: Ein gut eingewachsenes Exemplar treibt nach einem harten Winter eher wieder aus als ein vor Kurzem gepflanztes.

Natürlich spielt auch die Art der Kälte eine Rolle. Wenn das Thermometer für einige Stunden auf −10 °C fällt, ist es nicht dasselbe, wie wenn es eine oder mehrere Wochen so kalt bleibt. Wenn Sie auf schweren Böden oder in kalten Lagen gärtnern, sollte von einer mediterranen Bepflanzung Abstand genommen werden, da sich die Pflanzen als kurzlebig erweisen werden. Dasselbe gilt für sogenannte Frostlöcher in Tälern, wo sich kalte Luftmassen sammeln (kalte Luft ist schwerer als warme) und für ein erhöhtes Frostrisiko sorgen.

Kein Grund zum Verzweifeln! Es gibt genügend andere Pflanzen, denen zeitweise Staunässe und Frost nichts ausmachen. Jeder Boden hat seine Besonderheiten und das Potenzial für eine einzigartige Gestaltung.

Manchmal variiert er innerhalb eines Grundstückes so sehr, dass sich diverse Gartenräume mit unterschiedlichem Pflanzstil und Ambiente umsetzen lassen. In meinem Garten findet sich vom Ton- über Lehm- und humosem Waldboden bis zum sandig-steinigen Gemisch die ganze Bandbreite. So stark wie der Bodentyp variiert, schwankt sein Feuchtigkeitshaushalt. In fruchtbarem Lehmboden finden die Wurzeln lange nach Einsetzen der Trockenheit genügend Feuchtigkeit, während Sandboden im Nu austrocknet.

## Problem Winterstaunässe

Die meisten Pflanzen kommen kurze Zeit mit Staunässe oder Überflutung nach starken Niederschlägen zurecht. Ist der Boden verdichtet, sehr schwer wie Ton oder sammelt sich das Wasser in Senken, kommt es zu Sauerstoffmangel. Die Anzahl der Bodenorganismen nimmt ab, Nährstoffe werden nicht mehr richtig umgesetzt, es bilden sich nur flache Wurzeln, was wiederum die Anfälligkeit für Trockenheit im Sommer und Windwurf begünstigt. Im schlimmsten Fall faulen die Wurzeln, die Pflanze kränkelt oder stirbt sogar.

Problematisch sind Bereiche, die im Winter regelmäßig oder gar über Monate unter Wasser stehen, im Sommer jedoch komplett austrocknen. In diesem Fall sollte eine Dränage verlegt werden. Bei Neubauten kann die Dränage mit einem Kanal verbunden werden, sonst lässt man die Dränagerohre in einen mit grobem Kies gefüllten Sickerschacht auslaufen. Gewöhnliche Dränagerohre aus Kunststoff werden hierbei mit leichtem Gefälle von 3 % in einer Tiefe von 50 cm verlegt. Bei einem 2 m breiten Beet genügt ein Rohr, das in eine Kiesschicht gebettet wird, um die Poren freizuhalten. Wenn man den Graben wieder füllt, lohnt sich das Beimischen von grobem Sand, damit die oberen Schichten durchlässiger werden. Achtung: Unbedingt Flusssand anstelle von Quarzsand wählen.

Ist ein größerer Teil der Anlage betroffen, sollte ein Fachbetrieb hinzugezogen werden. Will man sich nicht mit Dränagerohren plagen, sind Hochbeete eine Option. Sie gibt es in mehreren Varianten: gemauert, mit Holz oder Corten-Stahl eingefasst oder schlicht durch Aufschütten von Erde auf das bestehende Gelände. Für welche Lösung Sie sich entscheiden, ist eine Frage des persönlichen Geschmacks, des Budgets und der Gartengröße.

Bäume sind durstig und saugen mit ihrem feinen Wurzelwerk im Sommer alle Feuchtigkeit aus dem Erdreich. Ihre Unterpflanzung will gut durchdacht sein. Hier umschmeicheln Buchs (*Buxus sempervirens*), Fingerhut (*Digitalis purpurea*) und Farn eine Ermans Birke (*Betula ermanii*) mit pfirsichfarbener Rinde. Sie wachsen in der Natur im Unterholz und kommen gut mit schwierigen Bedingungen zurecht.

## Mikroklima als Chance

Bäume oder Sträucher in unmittelbarer Umgebung, Sonneneinstrahlung und vorherrschende Winde beeinflussen zusätzlich den Grad der Trockenheit und müssen bei der Planung bedacht werden. Große Bäume entziehen dem Boden mit ihrem dichten Wurzelwerk alle Feuchtigkeit, und ihre Unterpflanzung ist so auch in regenreicheren Gegenden eine Herausforderung. Stauden und Sträucher müssen sich in diesem Bereich mit Schatten und Trockenheit arrangieren. Diese Anforderungen reduzieren unsere Palette beträchtlich.

Überwiegend schattige Bereiche fern von Bäumen trocknen weniger schnell aus als Beete in Südlage. Sie ermöglichen uns ein anderes Sortiment.

Oft herrschen an zwei Stellen im Garten komplett unterschiedliche klimatische Bedingungen, auch wenn diese nur wenige Meter auseinanderliegen. In diesem Fall sprechen wir von Klein- oder Mikroklima, dessen Bedeutung nicht unterschätzt werden darf, denn es ist entscheidend für unser Wohlbefinden und die Pflanzenwahl.

Darunter verstehen wir einerseits die Witterungseinflüsse auf einem kleineren, definierten Raum, und andererseits die klimatischen Bedingungen in Bodennähe bis zu einer Höhe von etwa zwei Metern. Das hört sich vielleicht abstrakt an, ist aber wichtig, denn davon hängt unter Umständen ab, ob wir uns den Traum von Banane (*Musa*) oder Sternjasmin (*Trachelospermum jasminoides*) verwirklichen können.

Das Mikroklima wird im Gegensatz zum Lokal- oder Regionalklima nicht statistisch ermittelt, deshalb sind wir in diesem Fall auf unsere eigenen Beobachtungen angewiesen. Übrigens hat das Mikroklima einen Vorteil: Anders als das Regionalklima können wir es nämlich ein bisschen beeinflussen.

Warme, geschützte Plätze finden wir in der Nähe von Hekken, Mauern und Gebäuden. Findlinge in Steingärten speichern tagsüber Sonnenwärme, geben sie in der Nacht ab und kreieren ein angenehmes Umfeld für empfindlichere Gewächse. Das erklärt, warum es bei Frost oft ausreicht, Kübel mit Zitruspflanzen und Oleander an die Hauswand zu rücken. Natursteinhäuser sind besonders gute „Heizungen“. Beete am Fuß einer gen Süden gewandten Hauswand lassen empfindlichere Vertreter wie Passionsblume (*Passiflora*), Echten Jasmin (*Jasminum officinale*) und Eiskraut (*Mesembryanthemum*) gedeihen und durch kalte Winter kommen.

Ist das Grundstück exponiert, z. B. an einer erhöhten Stelle oder Hanglage, schaffen wir mit Hecken Abhilfe. Sie bremsen den Wind, reduzieren seine austrocknende Wirkung, entziehen dem Boden aber mit ihren Wurzeln wiederum selbst Feuchtigkeit. Nicht alle Heckenpflanzen sind windfest. In Gegenden mit starken Winden empfehlen sich Eibe (*Taxus baccata*), Kornelkirsche (*Cornus mas*), Liguster (*Ligustrum vulgare*), Wintergrüne Ölweide (*Elaeagnus × ebbingei*) und Gewöhnliche Stechpalme (*Ilex aquifolium*). Für alkalische Böden eignen sich Berberitzen (*Berberis*), Weigelie (*Weigela*), Buche (*Fagus sylvatica*) oder Hainbuche (*Carpinus betulus*).

Hecken sind aufgrund ihres ökologischen Wertes festen Barrieren vorzuziehen, da sie Tieren ein Zuhause und im Idealfall auch Nahrung bieten. Im Gegensatz zu Mauern, hinter denen starke Verwirbelungen entstehen, filtern Hecken den Wind und nehmen ihm seine Kraft.

Ist genügend Platz vorhanden, pflanzt man versetzt eine doppelte Hecke.

Das Mikroklima lässt sich beeinflussen: Hecken sind nicht nur wichtig für die Struktur, sie reduzieren die Kraft des Windes und schaffen ein Ambiente, in dem sich Menschen und Pflanzen geborgen fühlen. In „Les Jardins de Quercy“ verwenden Jean Donies und Alain Herreman gern geschnittenen Liguster (*Ligustrum vulgare*) zum Abtrennen der Gartenräume. Liguster ist robust und trockenheitsverträglich.

## Ran an die Scholle

Nachdem wir das Potenzial des Grundstücks sorgfältig und in Ruhe ausgelotet haben, geht es an die Bodenvorbereitung. Da Gärtnern mit Vergnügen und nicht mit Plage verbunden sein sollte, gilt es, mit wenig Aufwand akzeptable Bedingungen für unsere Pflanzen zu schaffen.

Das Ziel ist es, Jungpflanzen das Einwachsen zu erleichtern und nicht das Erschaffen utopischer Verhältnisse. Die meisten Zierpflanzen benötigen im Gegensatz zu Obst und Gemüse keine allzu nahrhafte Erde und geben sich mit weniger zufrieden. Fette, nährstoffreiche Böden reduzieren bei manchen sogar die Lebensdauer.

Bei kleineren Flächen lassen sich Grasnarbe und Unkraut von Hand entfernen. Die Grasnarbe sticht man mit dem Spaten in flachem Winkel ab, um die Wurzeln möglichst weit unten abzutrennen. Tipp: Grassoden verrotten schnell und ergeben einen feinen Kompost! Wenn man die Grasnarbe nur umgräbt, dauert es lange bis sich die Soden zersetzen. Gras und Unkraut treibt über Monate immer wieder aus, und die Oberfläche ist zu klumpig zum Bepflanzen. Das Volumen, das wir in Form der Grassoden abtragen, ersetzen wir später mit frischem Kompost oder Erde.

Bei größeren Projekten ist der Einsatz von Maschinen und Unkrautvertilger meist nicht zu vermeiden. Das Abdecken mit schwarzer Plastikfolie über mehrere Monate ist kein Garant für eine unkrautfreie Fläche, da vieles sofort wieder austreibt, sobald es dem Licht ausgesetzt ist. Beim Lockern des Bodens werden die gröbsten Steine entfernt.

Dann geht es dem Unkraut an den Kragen. Achten Sie dabei vor allem auf widerspenstige, hartnäckige Wildkräuter mit langen, brüchigen Wurzeln wie Giersch und Winden, die man mit Spaten und Hacke unbewusst gern vermehrt. Pflanzen Sie nicht, ehe Sie nicht alles akribisch entfernt haben, sonst ist das Beet nach kurzer Zeit durchwuchert. Ein frustrierender Anblick! Unter Umständen sind wir sogar gezwungen, alles mühsam wieder auszugraben, nachzujäten und neu zu setzen.

Unabhängig von der Bodenart kann eine Gründüngung in Betracht gezogen werden. In Verbindung mit Kompost wirkt sie vor allem bei zu Austrocknung neigenden, armen Böden und in niederschlagsarmen Regionen wahre Wunder. Gründüngung steigert die Fruchtbarkeit, aktiviert das Bodenleben und verbessert die Wasserspeicherkapazität.

Dafür eignen sich Senf (*Sinapis alba*), Ringelblumen (*Calendula officinalis*), Buchweizen (*Fagopyrum esculentum*, für sandige Böden), Studentenblumen (*Tagetes*), Bienenfreund (*Phacelia tanacetifolia*) und Inkarnatklee (*Trifolium incarnatum*). Gründüngung erfordert Zeit, ist aber gerade auf armen Böden eine gute Sache. Wenn Sie genügend Geduld haben, säen Sie im Frühjahr die Gründüngung, freuen sich eine Saison lang am pflegeleichten Blütenteppich und den Insekten und machen sich später an die nächste Etappe.

Die Pflanzen werden vor der Samenreife einfach abgemäht und mit einer dünnen Schicht Kompost (2–3 cm) leicht in die Oberfläche eingearbeitet. Grobe Teile können nach der Bepflanzung als Mulch verwendet werden. In trockenen Gegenden sollte die Gründüngung im Spätsommer oder zeitigen Herbst erfolgen, da die ersten Regenfälle die Keimung begünstigen.

Auch bei schweren Böden dürfen Sie getrost das Zwei-Spaten-tief-Umgraben vergessen und lieber anderen diese Arbeit überlassen. Damit meine ich nicht den Ehepartner oder besten Freund, sondern Lebewesen und Mikroorganismen, die das gern und mit links machen.

Nach einer oberflächlichen Lockerung, verwöhnen wir sie zum Dank mit einer reichen Kompostgabe. Grober Sand hilft nur bedingt bei der Lockerung undurchlässiger Schichten.

Die Bepflanzung sollte gleich nach der Beetvorbereitung erfolgen, da brachliegende Erde anfällig für Unkrautbefall und Erosion ist. Zudem ist das Gleichgewicht von Nährstoffen und Bodenorganismen gefährdet. Wenn eine sofortige Bepflanzung nicht möglich ist, empfiehlt sich Mulch in Form von Gründüngung oder Laub, abhängig von der Wartezeit.

## Qualität der Pflanzen

Nach all der Vorbereitung steht nun das Bepflanzen an, eine der schönsten Aktivitäten, denn in Gedanken schwelgen wir dabei schon in der Blütenpracht der Zukunft.

Dabei lohnt es sich, das Augenmerk auf die Hauptakteure, die Pflanzen, zu richten.

Klar wünschen wir uns möglichst einen sofortigen Effekt und neigen dazu, größere Exemplare zu kaufen, weil sie mehr hergeben. Meist hat man sie in Baumschulen und Gärtnereien entsprechend mit Dünger und Wasser verwöhnt. Dann kommen sie zu uns, und es gibt ein böses Erwachen. Wir haben meist nicht Zeit und Muße, Individuen dieselbe Zuwendung angedeihen zu lassen, die sie in professionellen Etablissements erfahren. Im Normalfall gilt das Prinzip „Survival of the fittest“, das Überleben des Stärkeren.

Sind die Pflanzen in der Aufzucht zu sehr verwöhnt worden, kann dies den Gärtner unter Umständen teuer zu stehen kommen, da mit einer hohen Ausfallrate zu rechnen ist.

Kaufen Sie Pflanzen bei einer guten Baumschule oder Gärtnerei in Ihrer Region. Es macht einen riesigen Unterschied, ob sie aus einem künstlichen, verweichlichenden Umfeld kommen, in dem sie mit Dünger vollgepumpt werden, oder rauer aufwachsen und bereits an die klimatischen Bedingungen gewöhnt und abgehärtet sind. Junge Pflanzen wachsen besser an und holen die älteren oft sogar ein. Vor allem Stauden und Gräser sorgen schnell für den gewünschten Effekt.

Vermeiden Sie in Torf gezogenes Material. Torfabbau ist umweltschädigend und ethisch nicht vertretbar. Einmal ausgetrocknet, lässt sich Torferde nur mühsam wieder durchfeuchten. Wir denken zwar, wir haben gut gewässert, doch in Wirklichkeit ging es nicht in die Tiefe.

In milden Regionen ist eine Herbstpflanzung vorzuziehen: Die Pflanzen können so über den Winter Wurzeln bilden und sind schon im ersten Jahr besser gegen Hitze und Trockenheit gewappnet.

# WAS PASST ZU MEINEM BODEN?

Für ein erfülltes, zufriedenes Gärtnerdasein akzeptieren wir am besten, was wir haben. Gärtnern soll glücklich machen. Deshalb macht es Sinn, gleich zu Beginn Pflanzen zu wählen, die gesund und pflegeleicht sind und nicht ständig Pflegepersonal beanspruchen.

Das tollste und hinreißendste Geschöpf vermag auf Dauer nicht zu überzeugen, wenn es stets kränkelt. Pflanzen, die nach sich selbst schauen, machen mehr Freude als jene, die aufgebunden, beschnitten und gedüngt werden wollen. Gelassenheit und Zufall.

Es gibt drei goldene Regeln bei der Kombination von Pflanzengemeinschaften:

- Die Pflanzen müssen zu Boden und Klima passen.
- Die Pflanzen müssen zum Gärtner passen.
- Die Pflanzen müssen zueinander passen.

Natürlich können wir mit entsprechendem Aufwand den Garten umkrempeln und eine künstliche Welt für unsere Wunschpflanzen schaffen, aber erst wenn wir die Pflanzen richtig auf den vorhandenen Boden und das Klima abstimmen, wird die Bepflanzung auf Dauer befriedigen und – bis auf kleine Eingriffe – autark sein.

Man darf nicht vergessen, dass alle Veränderungen ohnehin von kurzer Dauer sind und ständiger Einsatz gebracht werden muss, um den künstlichen Zustand zu erhalten. Rhododendren gedeihen nun mal nicht auf trockenen Kalkböden. Auch wenn wir die Erde säckeweise mit Torf anreichern, wird sie über die kommenden Monate oder Jahre in den ursprünglichen Zustand zurückfallen. Solche Aktionen sind tabu!

Ein Garten verändert sich kontinuierlich, ist immer im Fluss und sieht von Jahr zu Jahr anders aus, außer er ist überwiegend mit gestutzten, statischen Immergrünen bepflanzt. Sobald Stauden, Gräser, Blumenzwiebeln, Ein- und Zweijährige im Spiel sind, ist unser Garten mehr oder weniger starken Schwankungen unterworfen. Man könnte sagen, je höher deren Anteil ist, desto dynamischer und spannender ist er.

Man darf sich wegen dieser Dynamik und Wandelbarkeit auf keinen Fall grämen, sondern sollte sie als bereichernd und belebend begrüßen und als intellektuelle Herausforderung betrachten. Wir begleiten den Garten und lenken ihn mit sanfter Hand in die gewünschte Richtung. Manchmal lenkt auch er uns in die richtige Richtung! Dabei ist es wichtig, offen zu sein und zu beobachten, denn wir lernen nie aus. Manchmal verwenden wir viel Zeit auf die Auswahl der Pflanzen und meinen, alle Faktoren berücksichtigt zu haben, aber dennoch gedeihen sie nicht oder gehen sogar kaputt. Nicht immer lässt sich das rational erklären. Statt ein Gelingen erzwingen zu wollen, was in den meisten Fällen sowieso nicht klappt, müssen wir unsere Bepflanzung anpassen. Dabei gehen uns die Pflanzen oft selbst zur Hand und weisen uns den Weg, z. B. indem sie sich selbst ihre Lieblingsplätze aussuchen. Diese haben manchmal nicht das Geringste mit den von uns oder der Fachliteratur vorgesehenen Orten gemeinsam.

Oft entstehen so zauberhafte Kombinationen, an die wir selbst nicht gedacht hätten. Nicht nur wir Gärtner haben eine eigene Persönlichkeit und einen eigenen Willen, sondern auch unser Garten! Es ist befriedigender und wohltuender für Leib und Seele, alle in einem vernünftigen Rahmen gewähren zu lassen. Das bedeutet nicht, dass wir tatenlos die Hände in den Schoss legen, sondern vielmehr, dass wir wachsam bleiben. Einfühlsames Eingreifen bringt oft schon den gewünschten Effekt, aber auch vor radikaleren Schritten sollte man nicht zurückweichen. Ein gutes Beispiel ist ein Baum am falschen Ort oder ein Beet, das mit der Zeit an Attraktivität verliert oder einfach nicht mehr zu uns passt.

Zauber des Zufalls: Nachtviole (*Hesperis matronalis*) und Klatsch-Mohn (*Papaver rhoeas*) sorgen in diesem trockenheitstoleranten Garten alljährlich für neue Bilder. Während das Band aus Woll-Ziest (*Stachys byzantina*) ein fixer Bestandteil ist, kommen und gehen alle anderen Akteure. Ein flüchtiger, malerischer Augenblick voller Poesie, der zeigt, wie erfüllend gelassenes Gärtnern sein kann.

Man hadert und scheut sich verständlicherweise davor, einen Baum zu entfernen oder etwas umzupflanzen, aber meistens ist es eine Bereicherung, und man fragt sich, warum man diesen Schritt nicht früher gewagt hat. Es ist relativ leicht, einen Garten zu unterhalten, aber wesentlicher schwieriger, ihn weiterzuentwickeln und das Beste aus ihm herauszuholen.

Kleinere Eingriffe werden manchmal bei selbstversamenden Pflanzen notwendig, indem wir darüber entscheiden, welche Sämlinge bleiben dürfen.

Tipp: Topfen Sie Sämlinge am „falschen“ Platz als Reserve ein oder füllen Sie mit ihnen entstandene Lücken, ehe sich unerwünschte Gäste dort breit machen.

Da wir nie wissen, wie sich etwas entwickelt, ist Flexibilität eine wichtige Gärtnereigenschaft. Es ist auf Dauer erschöpfend, gegen die Natur und vorherrschende Bedingungen zu kämpfen. Am Ende verlieren wir den Kampf und – schlimmer noch – die Lust am Gärtnern, und das wäre schade!

Der Boden ist nun vorbereitet und wartet geduldig auf die passenden Pflanzen. Aber was sind die passenden oder richtigen Pflanzen?

Extreme Standorte mit kurzer Vegetationsperiode bergen oft eine enorme Artenvielfalt. In dieser Magerwiese wachsen bis zu 50 Pflanzenarten auf einem Quadratmeter, ein Paradies für Spinnen, Grillen und Insekten. Diese Vielfalt ist nur auf armen Böden möglich, weshalb man die Wiesen regelmäßig mäht und das Schnittgut in Form von Heu entfernt. Leider sind über 90 % aller Magerwiesen verschwunden.

## Seien Sie inquisitiv!

Das Adjektiv „inquisitiv" haftet mir schon ewig an. Warum? Weil ich endlos neugierig und wissbegierig bin und nicht einfach alles schlucke. Vielmehr hinterfrage ich überlieferte Gartenweisheiten und -regeln, mache meine eigenen Testläufe und entscheide basierend auf diesen Erfahrungen, ob etwas stimmt oder nicht. Irrglaube hält sich nämlich in der Welt des Gärtnerns besonders hartnäckig.

Lange hielt man an der Meinung fest, alle Verletzungen bei Gehölzen seien sofort mit Baumwachs zu versiegeln. Mittlerweile fanden Wissenschaftler heraus, dass es kontraproduktiv ist und sogar Parasiten und Pilzen Tür und Tor öffnet. Dünger ins Pflanzloch geben? Vergessen Sie's! Es verleitet Gehölze nur zur Faulheit, weil sich die Wurzeln nicht mehr auf Nahrungssuche begeben. Dasselbe gilt für das Gießen.
Ständiges Bewässern verweichlicht. Ein Mythos hat mich am Anfang besonders abgeschreckt und fast meine Gärtnerkarriere im Keim erstickt: der Hype um das ständige Umgraben. Eine besonders sadistische Form ist das doppelte Umgraben. Ich bin zwar nicht faul, aber Selbstkasteiung ist nicht mein Ding. Beim Umgraben geht nicht nur die Lust am Gärtnern flöten, wir stellen dabei das ganze Ökosystem auf den Kopf. Viele Bodenlebewesen wirken und überleben nur in einer bestimmten Schicht. Bei der Zerstörung des Bodengefüges sterben viele Lebewesen aufgrund von Trockenheit und Sauerstoffmangel. Wir werden praktisch zu Massenmördern! Nur weil es sich unter dem Boden abspielt und keiner etwas davon mitbekommt, ist es nicht weniger gravierend.

Der Boden mag sich vielleicht wieder erholen, aber in dieser Regenerationszeit ist die Nährstoffversorgung der Pflanzen nicht optimal. Deshalb lieber mulchen als umgraben! Auf die wichtige Rolle des Mulchens gehe ich im Kapitel über die Pflege ein. Ähnliche Mythen umgeben die Kultur bestimmter Gewächse. Sie hielten mich jahrelang davon ab, Zaubernuss (*Hamamelis*), Perlschweif (*Stachyurus*), Magnolien (*Magnolia*) und Kamelien (*Camellia*) zu kaufen. Meine Erde ist nun mal nicht dauerfeucht und sauer. Dass dies gar nicht nötig ist, fand ich erst heraus, als meine Liebe zu diesen Gehölzen meine Angst vor dem Scheitern überwand. Heute wachsen sie zufrieden in meinem extrem sommertrockenen Boden und gedeihen dabei auch noch! Vielleicht werden sie nicht so groß wie am Idealstandort, aber diese Nebenwirkung ist akzeptabel und kann vor allem in den zunehmend kleiner werdenden Gärten von Vorteil sein. Wenn sich Pflanzen unwirtlichen Bedingungen gegenüber sehen, entwickeln sie sich zu zäheren, widerstandsfähigeren Exemplaren. Das Verzärteln durch ständiges Düngen und Gießen bewirkt genau das Gegenteil.

Meine Banks-Rose (*Rosa banksiae*) hat entgegen der Angaben renommierter Enzyklopädien, die von einer Frosthärte bis −5 °C ausgehen, problemlos 14 Tage lang Dauerfrost mit −13 °C überstanden. Während es tatsächlich eine Reihe Gewächse gibt, die sehr strenge Anforderungen an den Boden stellen, erweisen sich die meisten als anpassungsfähig und wachsen in fast jedem Boden.

## Extremsituationen

Die meisten von uns gärtnern in einigermaßen durchschnittlichen Verhältnissen und können unter einer Vielzahl von Pflanzen wählen. Verzweifeln muss man bei trostlos wirkenden Bedingungen aber keineswegs. Betrachten Sie einmal unseren Planeten: Die unwirtlichsten, feindseligsten Regionen wie Namaqualand, der Kaukasus oder die Himalayaregion bringen die atemberaubendsten „Gärten" hervor.

Gerade auf armen, trockenen Böden finden wir die größte Vielfalt. Das sind doch gute Nachrichten, oder etwa nicht?

Wir machen uns das Gärtnern leichter, wenn wir gartenwürdigen Wildstauden ähnlicher trockener Standorte mehr Beachtung schenken. Das bedeutet nicht, dass wir nur unter Wildpflanzen wählen können, sondern vielmehr, sie zum Bestandteil unserer Gestaltung machen.

Wir holen uns mit ihnen zuverlässige, robuste Darsteller auf die Gartenbühne und kommen einem gesunden, pflegeleichten Garten näher. Zu ihnen zählen z. B. Färberkamille (*Anthemis tinctoria*), Schafgarbe (*Achillea millefolium*), Zittergras (*Briza media*), Schwingel (*Festuca*), Witwenblume (*Knautia*), Margerite (*Leucanthemum vulgare*), Moschusmalve (*Malva moschata*), Wiesen-Salbei (*Salvia pratensis*), Flockenblume (*Centaurea jacea, C. scabiosa*) und Großer Ehrenpreis (*Veronica teucrium*). Dabei müssen wir uns nicht auf heimische Stauden beschränken und können andere miteinbeziehen, solange sie die gleichen Ansprüche habe, z. B. Kokardenblume (*Gaillardia*), Bartfaden (*Penstemon pinifolius*), Duftnessel (*Agastache*), Blauraute (*Perovskia*) und Steife Verbene (*Verbena rigida*). Dasselbe gilt für Ziersträucher und Bäume: Pfaffenhütchen (*Euonymus*), Hundsrose (*Rosa canina*) und Sanddorn (*Hippophae rhamnoides*) gedeihen aufgrund ihres endemischen Status bei uns nicht besser als Mönchspfeffer (*Vitex agnus-castus*), Rispiger Blasenbaum (*Koelreuteria paniculata*) und Ölweide (*Elaeagnus*).

Durch Züchtung sind viele Wildstauden standfester, blühfreudiger, eleganter und reicher an Formen und Farben geworden. Man denke nur an die vielen tollen Sorten bei Schafgarben und Steppen-Salbei (*Salvia nemorosa*)! Durch das Recherchieren ähnlicher Lebensräume entdecken wir eine Vielzahl infrage kommender Pflanzen.

Stark kalkhaltige (pH-Wert über 7,5) oder saure Böden (pH-Wert unter 5,5) rufen ebenfalls nach Spezialisten, die in einem derartigen Milieu gedeihen, oder nach Bodenverbesserung in Form von organischem Material (Mist, Kompost). Bei einem pH-Wert zwischen 6 und 7 ist die Welt des Gärtners noch in Ordnung, denn er gestattet die Kultur der meisten Gartenpflanzen. Warum messen wir dem pH-Wert so viel Wichtigkeit bei?

Der pH-Wert des Bodens hat einen direkten Einfluss auf die Nährstoffaufnahme. In stark alkalischen (kalkhaltigen) oder sauren Substraten sind manche lebenswichtige Spurenelemente nicht mehr verfügbar, und es treten Mangelerscheinungen auf. Gleichzeitig ist die Bodenaktivität betroffen, die bei einem mittleren pH-Wert am günstigsten ist. Vor allem saure Böden haben eine ungünstige Bodenstruktur und neigen bei hohem Tonanteil zum Verdichten. Der pH-Wert lässt sich übrigens mit einem Test-Kit leicht untersuchen.

Die Mehrheit aller säureliebenden Gewächse kommt aus Wäldern. Rhododendren, Azaleen und Hortensien kommen uns in den Sinn, aber sie alle sind sehr durstig, weshalb wir uns bei der Suche von (saisonal) trockenen Wäldern inspirieren lassen sollten. Hier wachsen u. a. Felsenbirne (*Amelanchier*), Schnee-Heide (*Erica carnea*), Horstbildende Liriope (*Liriope muscari*), Zaubernuss (*Hamamelis*), Stechpalme (*Ilex*), Mahonie (*Mahonia*), Gewöhnliche Mehlbeere (*Sorbus aria*) und Draht-Schmiele (*Deschampsia flexuosa*).

Sonnige Standorte schätzen Steinsame (*Lithodora diffusa*), Kiefern (*Pinus*), Lilien (*Lilium superbum*), Erdbeer-Baum (*Arbutus unedo*) und Amberbaum (*Liquidamber styraciflua*).

Wir werden im Garten kaum je auf richtig saure, trockene, arme Moorböden stoßen. Ist der Boden dennoch recht sauer und trocknet im Sommer aus, kann man sich eine Miniatur-Heidelandschaft mit Grauer Heide (*Erica cinerea*), Besen-Heide (*Calluna*) und Schnee-Heide (*Erica carnea*), kleinwüchsigen Koniferen (z. B. *Abies lasiocarpa* 'Arizonica Compacta', *Picea abies* 'Ohlendorffii') und Farn (*Polypodium vulgare*) schaffen. Zwischendrin platzieren wir einige schöne Felsen, auf denen wir uns niederlassen und den Bienen beim Nektarsammeln zuschauen können. Heidepflanzen blühen nämlich vom Sommer bis in den Frühling hinein und sind eine wichtige Nahrungsquelle. Ist genug Platz vorhanden, lässt sich eine Schwarz-Birke (*Betula nigra*) integrieren.

Der soeben beschriebene, imaginäre Garten ist dem Prinzip „weniger ist mehr“ verpflichtet und deshalb umso eindrücklicher. Vielleicht ist eine stark reduzierte Pflanzenpalette sogar ein Segen, da wir nicht so vielen Versuchungen ausgesetzt sind und uns stärker fokussieren müssen.

Auf Kalkböden haben wir wesentlich mehr Auswahl, da eine Menge beliebter Gartenpflanzen, darunter viele Steingartenstauden, aus diesem Milieu stammen. Je tiefgründiger und reicher an organischem Material der Oberboden ist, desto höher ist seine Fruchtbarkeit. Ist Lehm mit von der Partie erhöhen sich Nährstoffgehalt und Wasserspeicherkapazität. Solche Böden gestatten eine große Vielfalt.

Viele, die eigentlich saures Substrat bevorzugen, wachsen auch in kalkhaltigen Böden, wenn der pH-Wert nicht zu hoch ist. Dafür müssen wir aber zuerst wissen, wie tief die Mutterbodenschicht ist: Ist sie dünn, hält sich diese Toleranz in Grenzen. Die Folgen sind kümmerlicher Wuchs und Chlorose, da Mangan und Eisen nicht über die Wurzeln aufgenommen werden können.

Kalkböden sind häufig flach und steinig, trocknen extrem schnell aus und heizen sich im Sommer entsprechend auf. An diesen Orten sind u. a. Säckelblume (*Ceanothus*), mediterrane Pflanzen wie Lavendel (*Lavandula*), Krokus (*Crocus*), Küchenschelle (*Pulsatilla*), einige Orchideen-Arten (*Anacamptis, Dactylorhiza, Orchis, Ophrys*), Schneeglanz (*Chionodoxa*), Herbst-Zeitlose (*Colchicum autumnale*), Reiherschnabel (*Erodium*) und Goldlack (*Erysium*) in ihrem Element.

Auch spezielle, mehrjährige Wildblumenmischungen und Präriepflanzen gedeihen in alkalischen Böden. Ist die Mutterbodenschicht dünner als 10 cm, und es besteht der Wunsch nach einer anspruchsvolleren Bepflanzung, sollte zusätzlicher Mutterboden ausgebracht werden. Da Kompost und Mist von stark alkalischen Böden meist schnell abgebaut werden, ist auch die Fruchtbarkeit nur von kurzer Dauer. Wenn man den Boden nicht ständig füttern möchte, ist es klüger, gleich mit genügsamen Pflanzen anzufangen.

Internationales Treffen auf schwierigem Terrain: In Susi und Albin Steffenons Alpengarten – an einem Südhang gelegen – wachsen Pflanzen aus verschiedenen Kontinenten. Mit viel Liebe hat Albin auf dem kargen Boden trockenheitsliebende Wildblumen, Sukkulenten und winterharte Kakteen angesiedelt. Über allem liegt ein blauer Schleier, weil die beiden Gärtner dem Charme des Ausdauernden Leins (*Linum perenne*) nicht widerstehen können.

# WELCHER STIL PASST ZU MIR?

Es wird viel darüber spekuliert, wie man seinen Stil findet, und wie wichtig es ist, einen eigenen Stil zu haben. Das kann bisweilen lähmend wirken. „Was ist mein Stil?“ fragen wir uns ratlos und blättern in Magazinen und Büchern. Alle versuchen, auf uns Einfluss zu nehmen. Dies oft mit Erfolg, sonst sähe man kaum so viele uniforme Gärten.

Das Gärtnern ist seit Menschengedenken dem Modediktat unterworfen, und die Geister der Zeit bestimmen den Trend.

## Stil, wo verbirgst du dich?

Jedes Jahr lernen wir auf Gartenshows, was das Herz des modernen Gärtners höher schlagen lässt, welche Materialien „in“ sind und welche Pflanzen man unbedingt im Garten haben muss. Es gibt immer Menschen, die mit dem Strom schwimmen und jeden Trend mitmachen, aber viel bereichernder ist es – und nicht nur in Gartendingen –, seinen eigenen Weg zu finden und zu gehen. Dieser Weg ist nie direkt, sondern windet sich, versucht sich an Abkürzungen, kehrt auf den alten Pfad zurück. Ein Auf und Ab, in dessen Verlauf man sich selbst findet. Und hoffentlich seinen Stil! Dabei ist nicht das Ziel wichtig, sondern was wir auf dem Weg dahin erleben. Stil ist im Gegensatz zu Mode nicht flüchtig und kurzlebig.

In jedem von uns liegt ein Garten verborgen. Er hat eine eigene Handschrift und unterscheidet sich von den Kreationen anderer. Selbstbewusstsein ist die Basis von Stil und entwickelt sich aus Erfahrung und Wissen. Zu Beginn unseres Gärtnerlebens sind wir in vielen Dingen unsicher und machen viele Fehler, aber mit den Jahren ändert sich das. Man lässt sich nicht mehr alles auftischen, hinterfragt und wagt sich aus der Komfortzone heraus. Stil ergibt sich dann meist auf natürliche Weise und vollkommen zwanglos. Bis das soweit ist, gibt es andere Möglichkeiten, der Wunschgestaltung näher zu kommen.

Moderne Gärten vereinen formale Elemente wie geschnittene Sträucher und Hecken mit einer reduzierten Pflanzenpalette. Wichtig sind eine gute Struktur, eine klare Formensprache und eine Beschränkung auf das Wesentliche. In diesem Garten sind alle Sträucher rund geschnitten, was sehr harmonisch wirkt. Farbe wird nur dezent eingesetzt.

Eine pfiffige Interpretation eines naturalistischen, romantischen Gartens, der sich in der Stadt wie auf dem Land umsetzen lässt. Die Bepflanzung ist verspielt und romantisch: Akelei (*Aquilegia*), Steppenkerze (*Eremurus*), Königskerze (*Verbascum* 'Petra') und Wiesen-Kerbel (*Anthriscus sylvestris*) tanzen um Buchskugeln und Birken (*Betula*), die den Raum in Verbindung mit der Mauer strukturieren.

## Der Garten als Ort der Selbstverwirklichung

Der Garten ist ein Ort, aus dem wir das weltliche Chaos verbannen und an dem wir Ruhe finden. Ob das ein Kiesgarten, eine wilde Steppenpflanzung, ein überwiegend grüner, formaler Gartenraum oder ein romantisch-verwunschener Landgarten ist: Hauptsache, es ist die Antwort auf unsere persönliche Sehnsucht. Das kann neben Entspannung, körperlicher Betätigung und Tierbeobachtung auch die geistige Herausforderung sein.

Eine gute Sache ist ein „Moodboard“. Dafür sammelt man Bilder, die einen ansprechen, und klebt sie auf einen Karton oder ein großes Blatt Papier. Die Bilder müssen nicht nur reine Gartenszenen zeigen, sondern dürfen auch Gefühle darstellen. Sammeln Sie, was Sie anspricht: Möbel, Pflanzkombinationen, Blumen, Material, Dekorationen ...
Das Ergebnis ist aufschlussreich, warten Sie's ab!

Oft gibt unser Zuhause Aufschluss über unsere Vorlieben. Leben Sie in einem modernen Haus mit minimalistischer Einrichtung, werden Sie versuchen, im Außenbereich mit einer reduzierten, architektonischen Pflanzenpalette dieses Thema fortzuführen.

Zeitgenössisches, modernes Design ist breitgefächert und subtil. Seine Stärke liegt in der Reduktion auf das Wesentliche.

Mit trockenheitstoleranten Hecken aus Eibe, Buche, Liguster, Buchs und Ölweide lassen sich Gartenräume unterteilen, in denen unterschiedliche Stimmungen zelebriert werden. Minimalisten werden sich dabei auf wenige Farben beschränken und Blüten sparsam einsetzen. Pflanzen werden mehr im Hinblick auf Struktur und Textur gewählt. Beispiele sind Farne, Palmen, Bambus (trockenheitstoleranter als man meint!), Neuseelandflachs (*Phormium*), Palmlilien (*Yucca*), Schmucklilien (*Agapanthus*), Gräser und Bäume mit schöner Wuchsform und Rinde.

Ökologische Überlegungen sind nicht das Privileg des Naturgartens, sondern beeinflussen mittlerweile auch die Gestaltung moderner Außenräume, und so stößt man vermehrt auf ungezähmte Komponenten wie Wildblumenwiesen.

Modernes, minimalistisches Design spricht weniger den Pflanzenfreak als den Ästheten an, der Wert darauf legt, dass die Gartengestaltung die Architektur des Hauses hervorhebt und nicht übertrumpft.

Traditionell formale Gärten wirken wie moderne Gärten ordentlich und ruhig. Die darin gezähmte Natur besänftigt und vermittelt uns die Illusion von Kontrolle. Sie basieren auf einem geometrischen, meist symmetrischen Konzept und passen besonders zu älteren, charaktervollen oder historischen Gebäuden. Der Bezug von Haus und Garten ist essenziell. Sichtachsen und Blickpunkte spielen eine wichtige Rolle. Der Garten lädt zum Betrachten und weniger zur Aktivität ein. Dieser Stil fordert vom Gärtner ein hohes Maß an Einsatz, denn Formschnitt will gepflegt sein.

Der Grad des Formalen variiert und geht vom ganz Strengen bis zum Ausgelassenen, alles jedoch innerhalb eines geordneten Rahmens. Besonders reizvoll ist der Kontrast zwischen formalen Elementen wie geschnittenen Hecken und Sträuchern, Flechthecken und überbordender, lebendiger Bepflanzung. Ob man sich bei der Planung brav am Farbkreis orientiert oder lieber seinem Gefühl nachgibt, muss jeder selbst entscheiden.

Beobachten Sie für Ihr Leben gern Schmetterlinge und Vögel, wird der Garten bunter, vielfältiger und wilder sein. Eine Vogelschutzhecke mit heimischen Gehölzen rahmt das Grundstück, und in den Beeten tummelt sich eine fröhliche Mischung von Einjährigen, Gräsern und Stauden. Ein Biotop bietet Fröschen, Kröten und Molchen eine Heimat.

Informelle, natürlichere Gärten vermitteln eine komplett andere Stimmung. Sie strahlen mehr Entspannung und Lockerheit aus als streng geschniegelte, da man hier der Natur ein Mitspracherecht einräumt. Wenn man gern alles unter Kontrolle hat und mit einer Prise Chaos schlecht zurechtkommt, ist ein formales Konzept die bessere Wahl. Für jene, die entspannt von der Hängematte auf einen Rasen voller Gänseblümchen und Löwenzahn blicken können, ohne stressinduziertes Herzrasen zu bekommen, passt eine zwanglosere Gestaltung.

Leben Sie auf einem Bauernhof auf dem Land, repräsentiert diese Wahl bereits Ihre Lebensphilosophie. In Tuchfühlung mit der Natur gestaltet man die grüne Oase im Stil eines bunten Cottage-, Landhaus- oder Bauerngartens. Charakteristisch für diese Stile sind natürliche Materialien wie Holz und Naturstein, Obstwiesen, niedrige Buchshecken oder gemischte Hecken. In Bauerngärten tummeln sich Gemüse, Kräuter und Stauden in meist formal gegliederten Beeten. Im Lauf der Jahrhunderte entwickelten sich regionaltypische Formen des Bauerngartens, die man sich zum Vorbild nehmen kann, oder aber man entwickelt seine eigene Version.

Der Cottage-Garten-Stil erfreut sich großer Beliebtheit und ermutigt den Zufall. Diese Gärten strahlen einen nostalgischen Charme aus. Formalität spielt eine untergeordnete Rolle. Es zählt eine üppige, attraktive und pflegeleichte Blütenpracht. Robuste Stauden, Einjährige, Zwiebelblumen, Beerenobst, Kräuter und Gemüse verweben sich zu einem lebendigen, abwechslungsreichen Bild. Von durstigen Stauden wie Phlox, Sterndolde (*Astrantia*), Astilben, Silberkerze (*Cimicifuga*), Entenschnabel-Felberich (*Lysimachia clethroides*) und Funkien (*Hosta*) sollte man in niederschlagsarmen Gegenden Abstand nehmen und stattdessen Bauern-Pfingstrosen (*Paeonia officinalis*), Mohn (*Papaver*), Katzenminze (*Nepeta*), Kornblumen (*Centaurea cyanus*), Akelei (*Aquilegia*), Blutroten Storchschnabel (*Geranium sanguineum*) wählen, die bei Trockenheit nicht gleich schlapp machen. Sträucher werden im Cottage-Garten neben niederen Hecken gern als strukturierendes Element eingesetzt.

Viele Rosen sind – einmal eingewachsen – absolut trockenheitsverträglich. Achtet man auf hübsches Laub und Hagebutten so sind sie das ganze Jahr über eine Bereicherung für die Gestaltung. Der überwiegende Teil der Bepflanzung in Cottage-Gärten ist jedoch staudenorientiert. Wichtig ist der Duft, den man sich in Form von Rosen, Levkojen, Maiglöckchen (*Convallaria*), Hyazinthen, Iris, Flieder (*Syringa*), Lavendel, Geißblatt (*Lonicera*), Sommerjasmin (*Philadelphus*) und Nachtviole (*Hesperis*) sichert. Alle sind gesund, pflegeleicht und nicht durstig! Cottage-Gärten mögen etwas wild und daher pflegeextensiv wirken, aber auch ihr Erfolg hängt von einem wachsamen Auge und rechtzeitigem Eingreifen ab. Als Antidot gegen die zunehmend vom Menschen geprägte Landschaft und Alltagshektik ist diese Art von Garten fast unschlagbar.

Eine weitere Gartenform ist der Innenhof- oder Patio-Garten. Er ist von Mauern umfriedet, seien es die des eigenen Hauses oder jene umliegender Gebäude. Der *Hortus conclusus*, ist ein geschlossener Gartenraum und zählt zu den ältesten Gestaltungskonzepten. Schon die Römer und Mauren zogen sich vor der harschen Realität in den Frieden und die Beschaulichkeit ihrer Innenhöfe zurück. In den damaligen unsicheren, kriegerischen Zeiten dienten Mauern dem Schutz und der Sicherheit. Auch wenn die Zeiten sich geändert haben, gibt es heute noch Innenhofgärten auf der ganzen Welt, und ihre Wertschätzung hat nicht abgenommen. Heute schützen sie uns vor einer Realität anderer Art. Die meisten Patio-Gärten sind klein und befinden sich in der Stadt. Mauern und Gebäude schaffen ein Kleinklima, was die ganzjährige Nutzung gestattet. Bedingt durch die dichte Bebauung kommt es zu einer höheren Wärmekapazität – dem sogenannten Wärmeinsel-Effekt – als auf dem Freiland. Es gibt weniger Frost und Schnee, die Freiluftsaison ist länger und erlaubt an vielen Orten die Kultur empfindlicherer Gewächse.

Der Innenhof wird praktisch ein zusätzlicher Wohnraum und erfordert einen harmonischen Übergang. Rasen spielt eine untergeordnete Rolle und wird durch harte Oberflächen ersetzt. Während Stahl, Beton und Glas Einzug in moderne Innenhöfe halten, sind es in traditionellen Interpretationen Holz, Klinker, Kiesel und Naturstein. Hochbeete sind bei durch Bauarbeiten verdichteten Böden eine gute Lösung. Auf armen, sandigen Böden in der Sonne lassen sich Steppen- oder Kiesgärten verwirklichen. Liegt das Grundstück überwiegend im Schatten wählt man trockenheitstolerante Blattschmuckpflanzen wie Immergrün (*Vinca difformis*), Efeu (*Hedera*), Kriechende Mahonie (*Mahonia repens*), Elfenblume (*Epime-*

*dium*), Waldmeister (*Galium odoratum*), Engelsüß (*Polypodium vulgare*), Schaumblüte (*Tiarella cordifolia*), Jungfernrebe (*Parthenocissus*), Kletternder Spindelstrauch (*Euonymus fortunei*) oder Hirschzungenfarn (*Asplenium scolopendrium*).

In einem Innenhofgarten lassen sich formale, informelle, naturalistische, mediterrane Stile oder ein Cottage-Garten umsetzen.

Es ist keineswegs so, dass wir uns für einen Stil entscheiden müssen. Der Garten ist unsere Bühne, auf der wir Regie führen. Regeln sind dazu da, dass man sie bricht. Formale und naturnahe Elemente lassen sich kombinieren.

So finden sich bei mir ein überwiegend grüner, formaler Kiesgarten, ein übermütiges, tropisch anmutendes Beet am Baumhaus, ein Senkgarten mit Rosen und Lavendel und naturalistische Bepflanzungen in Hausnähe. Ein Gartenraum für jede Saison, Tageszeit und Stimmung. Solche Räume müssen nicht groß sein und können auch in kleinen Gärten umgesetzt werden. Trotz verschiedener Stile zieht sich dieselbe Handschrift durch das Konzept. Die Freude am Gestalten neuer Bereiche ist ein wichtiger Faktor beim Gärtnern, für viele sogar der Hauptantrieb.

In der Stadt genießt man mehr gestalterische Freiheit, da der Garten inselartig und isoliert ist und oft keine Verbindung zur Landschaft hat. Auf dem Land aber ist das Grundstück im Kontext der Umgebung zu sehen. Ignoriert man hier bei der Gestaltung den Geist des Ortes, riskiert man, dass sich der Garten später wie ein Fremdkörper anfühlt.

Ziel einer jeden Gestaltung ist es, den Ort zu begreifen und ihm Identität zu verleihen, die sich im Einklang mit der Umgebung und uns selbst befindet. Ein Ort, an dem der Seele Flügel wachsen. Licht, Bewegung, Duft, Farben, Schatten, Strukturen und Texturen spielen dabei eine Rolle.

Die besten Gärten sind eine Erweiterung des Wohnraumes, in denen sich der Übergang von innen nach außen harmonisch vollzieht. Dies erreichen wir, indem wir das Farbschema vom Innenbereich in den Garten übertragen oder dasselbe Material für harte Oberflächen verwenden. Das Motto „Weniger ist mehr“ ist ein wichtiger Designgrundsatz, der viel zu oft ignoriert wird. Das Ergebnis ist ein Chaos, in dem weder Auge noch Mensch zur Ruhe kommen. Lassen Sie bei der Umsetzung ihrer Ideen neben Begeisterung auch Disziplin und Vernunft walten.

Ein gut geplanter Garten ist pures Vergnügen und Lebensqualität.

# PFLEGE

**Jeder Garten erfordert ein Mindestmaß an Pflege. Wie die passenden Maßnahmen aussehen, hängt vom gewählten Stil und der Bepflanzung ab. Beherzigt man einige Ratschläge, artet die Pflege nicht in Plackerei aus, sondern lässt sich en passant mit Vergnügen machen. Mein Grundsatz: Regelmäßig ein bisschen tun.**

## Den Anfängen wehren

Wie vieles auf der Welt ist auch das Thema Unkraut relativ und mit Vorsicht zu behandeln.

Pflanzen benehmen sich nämlich – je nach Klima und Bodenbedingungen – ganz unterschiedlich. An manchen Orten wohlerzogen und zurückhaltend, an anderen unangenehm und invasiv. Auch ist die Einstellung des Einzelnen zu Wildwuchs individuell verschieden. Bringt den einen Gärtner der Anblick einer Gruppe Löwenzahn oder Gänseblümchen auf die Palme, öffnet sich beim nächsten das Herz.

Es bleibt jedoch dabei: Wir alle haben immer wieder mit Unkraut zu tun, das ungefragt auftaucht und sich bei uns niederlässt. Der Ausdruck Wildkräuter ist zwar politisch korrekt und netter als Unkraut, aber in den meisten Fällen ist es lästig, egal wie wir es nennen.

Die Autosuggestion ob der Köstlichkeit von Giersch und seiner Schönheit zur Blütezeit täuscht nicht darüber hinweg, dass er alles andere vereinnahmt und die Schwächeren niedermacht. Die Strategie des nach Kresse schmeckenden Behaarten Schaumkrauts (*Cardamine hirsuta*) verdient unsere Bewunderung: Ganz bemerkenswert, wie es zur Samenreife bei der leichtesten Berührung plötzlich explodiert, Hunderte von Nachkommen mit Lichtgeschwindigkeit verstreut und seine Zukunft sichert. Aber diese Strategie würde man lieber außerhalb des eigenen Grundstücks bewundern! Auch von den zarten Blüten der Winden sollte man sich nicht täuschen lassen, denn sie erobern im Nu das Beet und umschlingen alles, was sich ihnen in den Weg stellt.

Hartnäckige Wildkräuter in den Beeten sind unerwünscht und werden am besten rechtzeitig erkannt und entfernt. Ab dem zeitigen Frühjahr drehe ich regelmäßig meine Runden, hacke und zupfe aus, was nicht hinein gehört. Ein Bekannter fertigte mir für diese Aufgabe eine mit 4,5 cm sehr schmale, scharfe Spezialhacke mit langem Stiel, mit der ich bequem breitere Beete vom Rand aus bearbeite und in kleine Zwischenräume komme. Ein weiteres Plus ist ihr Fliegengewicht, denn sie ist aus Aluminium gefertigt und belastet nicht den Rücken. Das behutsame Lockern des Bodens wirkt im übrigen verschlämmten Böden entgegen, zerstört die Kapillarröhrchen und reduziert somit die Verdunstung.

Zum Jäten gehört Erfahrung, denn sonst rupft man leicht erwünschte, gar ersehnte Sämlinge aus, hübsche Wildkräuter eingeschlossen.

Im Frühjahr ist der Boden feucht, und viele Unkräuter lassen sich leicht herausziehen. Bei solchen mit langen Wurzeln behilft man sich mit einem praktischen Wurzelstecher. Abreißen hat zur Folge, dass sie vehementer, oft verzweigter austreiben.

Es ist wichtig, zeitig im Jahr Aufmerksamkeit walten zu lassen, denn im Frühjahr geht es im Garten besonders rasant und enthusiastisch zu. Ehe wir uns versehen, wächst uns alles über den Kopf. Ist das Chaos einmal ausgebrochen, ist es viel mühsamer, als wenn man den Anfängen wehrt. Wachsamkeit und Hartnäckigkeit zahlen sich aus. Das sind Überlebensstrategien der Pflanzen, die wir uns ruhig zum Vorbild nehmen dürfen.

## Recycling – Ein gesunder Kreislauf

Kahler Boden ist unser Gegner und muss unter allen Umständen vermieden werden. Es ist ganz erstaunlich, wie viele in ihrem Garten immer noch jeden Herbst einen totalen Kahlschlag veranstalten. Diese Zeitgenossen haben wohl eine Vorliebe für braune Erde.

Kahle Erde ist eine Einladung für Unkraut, anfällig für Erosion und Austrocknen und kommt deshalb nicht infrage.

Bei Neupflanzungen kann man ihr mit verschiedenen Strategien begegnen. Entweder pflanzt man etwas dichter und ist bereit, die Pflanzen früher auszulichten und zu teilen, oder man sät Einjährige in die Lücken. Sie eignen sich wunderbar für diese Aufgabe und verkrümeln sich meist wieder, wenn die Bepflanzung eingewachsen ist.
Eine weitere Option ist Mulchen. Es reduziert die Verdunstung und reguliert die Temperatur, sodass Wurzeln bei starker Hitze cool bleiben. Gemulcht wird nach einigen sorgfältigen Jätaktionen am besten im Frühjahr. Mulchen mindert den Wildwuchs. Wenn Sie denken, man dürfe deshalb beim Jäten schludern, werden Sie überrascht sein, wie halsstarrig manches Kraut durch die dicksten Mulchschichten ans Licht drückt. Der (Über-)Lebenswille ist nicht nur bei Menschen erstaunlich. Mulchen mit organischem Material hat neben Verdunstungsreduzierung und Unkrautunterdrückung noch andere Vorteile: Es sorgt für ein aktives Bodenleben, da viele verschiedene Organismen mit der Zersetzung beschäftigt sind, und es versorgt den Boden mit Nährstoffen. In einem Garten fällt übers Jahr viel Schnitt- und Häckselgut an, das wir so wieder dem Boden zurückgeben. Es ist ein Geben und Nehmen. Der Kreis schließt sich. Gleich vor Ort lassen sich beim alljährlichen Rückschnitt im Spätwinter oder zeitigen Frühjahr z. B. Gräser und Stauden zerkleinern und als Mulch ausbringen.

Wichtig: Mulch nie auf trockenen Böden ausbringen, da man sonst das Gegenteil bewirkt! Die Trockenheit wird konserviert und die dringend benötigte Feuchtigkeit vom Erdreich fern gehalten.

Der Einsatz von Mulch lohnt sich nicht nur im Gemüseanbau, sondern kommt auch Beeten und Gehölzen zugute. Tröpfchenbewässerung reduziert den Wasserverbrauch zusätzlich, da das Wasser direkt dorthin kommt, wo es wichtig ist: an den Wurzelbereich.

## Die besten Mulchmaterialien

| Material | Dicke der Schicht | Geeignete Pflanzen | Anmerkung |
|---|---|---|---|
| Rasenschnitt | 1 cm | Rabatten | vor dem Ausbringen antrocknen lassen |
| Moos | 3–5 cm | Sträucher, Hecken | nährend in Verbindung mit Laub |
| Farn | 5 cm | alle | |
| Laub | 5–8 cm | alle | langanhaltend; mit Rasenmäher zerkleinern; erst reifen lassen |
| Holzhäcksel | bis 5 cm | Gehölze, Hecken | nur dünne Zweige häckseln |
| Heu | 5 cm | Gehölze, Hecken | |
| Rinde | 5–7 cm | Gehölze, Hecken | niemals für Stauden und Jungpflanzen! |
| Stroh | 5 cm | alle | sieht nicht schön aus; ungeeignet für stickstoffarmen Boden |
| Kies | 5–7 cm | Kiesgarten | muss gepflegt werden |
| reifer Kompost | 2–3 cm | alle | |

## Schwarzes Gold

In einem Garten, in dem wir das Gießen reduzieren möchten, sollte auf künstliche Düngung und ein Zuviel organischer Dünger verzichtet werden. Sie begünstigen üppiges Wachstum, das entsprechend versorgt werden möchte. Wenn wir alljährlich eine dünne Schicht Kompost ausbringen, geben wir den Pflanzen einen verdienten Snack, fördern ihre Gesundheit und halten die Bodenorganismen bei Laune. In Kiesgärten wird meist ganz auf organisches Material verzichtet oder nur bei einigen anspruchsvolleren Gewächsen direkt im Wurzelraum ausgebracht. Robuste Kies- oder Steppengartenpflanzen sind genügsam, und ein Zuviel an Nährstoffen hätte einen nachteiligen Effekt. Gerade mediterrane Pflanzen leiden unter nährstoffreichen Böden und erweisen sich hier oft als kurzlebig.

Pflanzungen im Stil des *New Wave Perennial Movement* hingegen schätzen ein wenig Zuwendung. Dabei spreche ich vor allem von Stauden wie Rotem Scheinsonnenhut (*Echinacea purpurea*), Sonnenhut (*Rudbeckia*) und Sonnenbraut (*Helenium*), wobei die Hybriden von Letzterer ohnehin zu durstig sind und besser durch genügsamere Wildstauden wie *H. hoopesii* ersetzt werden. Das „Füttern“ gilt übrigens nicht für Gräser, die bei fetten Böden schnell ihre Standfestigkeit verlieren. Das ist vor allem bei Rutenhirse (*Panicum*), manchen Federborstengräser- (*Pennisetum*) und Chinaschilf-Sorten (*Miscanthus*) zu beobachten. Ein Kompost gehört in jeden Garten, im Idealfall sind es mehrere: ein reifer, ein mittelreifer und ein neu angesetzter. Material gibt es meist in Hülle und Fülle, aber der Erfolg hängt von einem guten Gemisch, Temperatur und gleichmäßiger Feuchtigkeit ab.

Kompostieren ist kein Hexenwerk. Mit gesundem Menschenverstand mischt man abwechselnd frisches, feines Material (grüne Küchenabfälle, Grasschnitt, Mist) mit grobem Material (Laub, Häckselgut). Wichtig: Der Kompost muss stets feucht gehalten werden. Das bedeutet im Sommer oft extra Wassergaben, um das Austrocknen zu verhindern. Unsere guten Freunde, die Bodenlebewesen und -organismen, verweigern bei Hitze und Trockenheit nämlich den Dienst.

Ist der Kompost voll, deckt man ihn ab und wartet. Moderne Komposter lassen sich mit einer Kurbel drehen, was den Rotteprozess beschleunigt.

## Der kluge Schnitt

Wir kennen den Rückschnitt bei Sträuchern und Bäumen, der einer wohlgefälligen Form, der Gesundheit, farbkräftigen Trieben und Blühfreudigkeit dient.

Gleichzeitig reduziert man mit einem Rückschnitt aber die Verdunstungsfläche der Pflanzen, was sie in der Folge Trockenperioden besser überwinden lässt.

Zu empfehlen ist der sogenannte *Chelsea Chop* für sommer- und herbstblühende Stauden. Diese Technik hat ihren Namen vom Schnittzeitpunkt, der um die Zeit der *Chelsea Flower Show* Ende Mai vorgenommen wird. Die Stauden entwickeln sich standfester und kompakter, aber die Blüten sind etwas kleiner. Gute Kandidaten sind Astern (*Aster/Symphyotrichum*), Katzenminze (*Nepeta*), hohe *Sedum*-Arten, Roter Scheinsonnenhut (*Echinacea pupurea*), Färberkamille (*Anthemis tinctoria*), Goldrute (*Solidago*) und Virginischer Arzneiehrenpreis (*Veronicastrum virginicum*). Man entfernt dabei ein Drittel aller Triebe. Bei einer Gruppenpflanzung kann man alternierend schneiden, was die Blütezeit staffelt und somit verlängert.

Ein Rückschnitt nach der Blüte verhindert zudem übermäßige Selbstaussaat, z. B. bei Königskerze (*Verbascum*), Frauenmantel (*Alchemilla*), Spornblume (*Centranthus*) und Dost (*Origanum*).

## Goldene Gießregeln

Im ersten Jahr müssen wir regelmäßig gießen, im zweiten nur noch nach Bedarf. Dabei ist es wichtig, den Zeitpunkt rechtzeitig zu erkennen. Wenn das Laub tagsüber herunterhängt, ist das nicht immer ein Zeichen von Trockenheit, sondern oft ein Schutzmechanismus der Pflanze, um der Verdunstung entgegenzuwirken. Hängen die Blätter jedoch am Morgen oder späten Abend schlaff herunter, ist Handeln angesagt!

Generell ist das Bewässern des Wurzelbereichs dem Beregnersystem vorzuziehen, welches mit viel Verdunstung einhergeht. Zudem vermeidet man nasses Laub und beugt Pilzkrankheiten vor. Tröpfchensysteme mit Zeitschaltuhr setzt man am besten abends und in der Nacht ein. Mit Schlauch und Gießkanne wählt man die frühen Morgenstunden, damit sich die Wurzeln vor der Hitze vollsaugen können. Tröpfchensysteme liegen idealerweise unter dem Mulch.

Wie viel man gießen muss, hängt vom Boden und den Pflanzen ab. Ein guter Tipp ist noch immer der Fingertest in Verbindung mit gesundem Menschenverstand. Die Erde sollte regelmäßig leicht gelockert werden, denn sonst kann sie kein Wasser aufnehmen.

Bei Gehölzen empfiehlt sich ein Gießwall im Radius des ausgehobenen Lochs. Dafür häufelt man die Erde an und drückt sie fest, damit das Wasser innerhalb des Walls bleibt und nicht ungehindert abfließt.

Das Wichtigste zum Schluss: Gießen Sie selten und richtig, dann wachsen Pflanzen kräftiger und tiefer und sind besser gegen Trockenheit gewappnet. Mit häufigen Wassergaben verwöhnen wir die Wurzeln nur, sie bleiben oberflächlich und verdursten schneller.

Bild links:
Die Kunst des Gießens: Selten, gezielt und nur wenn nötig.

## Der Feind in meinem Beet

Kein Gärtnern ohne Probleme in Form von Krankheiten und Schädlingen. In diesem Buch werden hauptsächlich robuste, gesunde Pflanzen vorgestellt. Viele Krankheiten wie Mehltau sind oft witterungs- und standortabhängig. Während wir das Klima nicht beeinflussen können, ist es uns möglich, die Pflanzenwahl dem Standort anzupassen.

Wenn eine Pflanze ohne intensive Zuwendung oder offensichtliche Gründe kontinuierlich kränkelt, trennt man sich lieber von ihr. Das ist einem Schrecken ohne Ende definitiv vorzuziehen. Vermeiden Sie von vorneherein solche, die als krankheitsanfällig bekannt sind.

Schnecken sind bei feuchtem Wetter ein Thema und vor allem für Jungpflanzen gefährlich. Mit regelmäßigen Kontrollgängen und wasserbeständigem, biologischem Schneckenkorn mit Eisen-III-Phosphat kann man den unliebsamen Gesellen beikommen.

Saugende Insekten, vor allem Läuse, rücken in manchen Jahren zuhauf an, in anderen weniger. Zwingt man sich in diesen Fällen zur Geduld lösen sich die Probleme meist von selbst, denn gerade vielfältige Gärten sind ein Zuhause für Nützlinge, auf deren Speiseplan Läuse & Co. ganz oben stehen. Wie oft wollte ich ihnen gerade den Kampf ansagen, nur um festzustellen, dass mir andere schon zuvorgekommen sind.

Ein gesunder, lebendiger, mannigfaltiger Garten ist ein faszinierender Kosmos, den man nicht so leicht aus dem Gleichgewicht bringen kann.

Nicht vergessen: Wachsamkeit wirkt auch in diesem Fall Wunder. Erkennt man Probleme rechtzeitig, lässt sich meist durch Entfernen befallener Triebe oder Schädlinge eine Ausbreitung verhindern.

# Das Ergebnis

Der Erfolg eines Designs steht und fällt mit der Bepflanzung. Natürlich brauchen wir eine gute Struktur, aber es sind die Pflanzen, die ihr Leben einhauchen. Um wirklich effizient zu sein, sollten sich einige Hauptaspekte natürlicher Pflanzengemeinschaften widerspiegeln. Die nachfolgenden Beispiele mögen inspirieren und bei der Suche nach dem richtigen Stil behilflich sein. Legen Sie die Gießkanne aus der Hand, und tanzen Sie lieber mit den Blüten!

# DER STEINIGE PFAD ZUM BLÜTENMEER

Elaine und David Morgan verliebten sich erst in die französische Lebensart, dann in ein Haus im Zentralmassiv. Spontan entschieden sich die Städter, ihren nächsten Lebensabschnitt auf dem Land zu verbringen. David, ein gebürtiger Australier, fühlte sich zur flachen Landschaft der Causse – ein departementübergreifendes Kalkplateau – hingezogen, weil es die Weite seiner Heimat widerspiegelt. An den Boden verschwendeten sie anfangs keinen Gedanken und erlebten bei den ersten Spatenstichen eine böse Überraschung: Die Erde war nicht nur schwerer, betonartiger, toniger Lehm, sondern zudem voller Steine. So viele Steine, dass sie das halbe Grundstück mit einer Trockensteinmauer einfassen konnten.

Die Weite der Umgebung rief nach einem ähnlich großzügigen Gartenkonzept. Hatten sie zuvor in England eher konservativ gegärtnert, kam nun die Sehnsucht nach einer radikal anderen Gartengestaltung auf. Nicht mehr kleckern, nein, richtig klotzen wollten sie!

Inspiriert von Piet Oudolf entwickelten sie auf Papier Beete in Drifts und Blöcken. Die zu bepflanzende Fläche wurde mit Unkrautvertilgungsmittel behandelt und über die Herbst- und Wintermonate mit Karton und schwarzer Folie abgedeckt. Da dem Boden nicht anders beizukommen war, stanzte David im folgenden Frühjahr mit einem Pfostentreiber die Pflanzlöcher. Die Stauden und Gräser kamen teils in kleinen Töpfen, teils wurzelnackt. Beim Bepflanzen wurde kein Kompost ausgebracht, sondern nur die vorhandene Erde genutzt. Kurz nachdem alles fertig war, brach zum Entsetzen des Paars in der Nacht eine Herde Kühe in den Garten ein. Viele Jungpflanzen waren dem Erdboden gleichgemacht und mussten wieder an die Oberfläche geholt werden.

Trotz dieses Unglücks waren fast keine Verluste zu beklagen, was die Robustheit und Widerstandskraft von Präriepflanzen belegt.

Vorteil dieses Stils ist eine schnelle Wirkung, denn bereits in der ersten Saison entwickelte sich fast alles prächtig, und die Anlage wirkte schon früh etabliert. Der Garten war erfüllt von Flattern und Summen – sämtliche Insekten zogen ein.

Gegossen wurde im ersten Jahr regelmäßig, danach waren alle Pflanzen angewachsen und erforderten nur noch selten Wassergaben.

Gärten im Stil des *New Perennial Movement* zeichnen sich durch wilden, übermütigen Charme aus, sind aber aufgrund ihrer Dynamik keineswegs pflegeextensiv. Bereits nach zwei Jahren fingen manche Gewächse wie Argentinisches Eisenkraut (*Verbena bonariensis*) und Brandkraut (*Phlomis russeliana*) an, die Nachbarn zu erobern. Beide wachsen jedoch auch auf kritischem Terrain und sind deshalb innerhalb ihrer Grenzen willkommen. Besonders wohl fühlen sich auch Roter Scheinsonnenhut (*Echinacea*) und Prachtkerze (*Oenothera*), was sie mit dezenter Selbstaussaat kundtun.

Ein wachsames Auge und rechtzeitiges Eingreifen sind für die Stabilität des Designs notwendig. Ohne Eingreifen verliert sich der ursprüngliche Plan im Handumdrehen. Zu Routineaufgaben gehören das Teilen der Stauden und Gräser sowie der Rückschnitt, wobei bereits im Herbst alles zurückgeschnitten wird, was die winterliche Struktur nicht bereichert wie z. B. die Hohe Fetthenne (*Sedum* 'Matrona') und das Pfeifengras (*Molinia*), das nach dem ersten Frost die Flügel streckt. Der Rest bleibt den Winter über stehen und wird im Spätwinter vor dem Neuaustrieb gestutzt. Die Teilung ist vor allem bei Stauden wie *Echinacea, Helenium* und *Rudbeckia* wichtig und dient der Verjüngung.

Da es abgesehen von einer Hecke aus Immergrünen Ölweiden (*Elaeagnus ebbingei*) nicht viele immergrüne Gehölze gibt, hängt die Struktur überwiegend von standfesten Gräsern und

Stauden mit besonders attraktiven Samenständen ab, welche auch im Abgang bezaubernd aussehen. Zu den Stars zählen Chinaschilf (*Miscanthus*), Reitgras (*Calamagrostis*), Brandkraut (*Phlomis*), Federgras (*Stipa/Nasella*), Kugeldistel (*Echinops*), Fenchel (*Foeniculum*) und Sonnenhut (*Echinacea*).

Elaine und David bringen einmal im Jahr eine Mulchschicht aus Sägespänen aus, was sich bewährt hat. Sie unterdrückt deutlich den Wildwuchs und hält den Boden im Sommer lange feucht und frisch. Obgleich die Erde sorgfältig von Wildwuchs

Die Morgensonne taucht den Garten von Elaine und David Morgan in sanftes Licht. Die Gräser lassen ihn mit der weiten Landschaft verschmelzen. Chinaschilf (*Miscanthus sinensis* 'Große Fontäne') und Reitgras (*Calamagrostis × acutiflora* 'Karl Foerster') strukturieren und bilden ruhige, grüne Pole. Das filigrane Federgras (*Nasella tenuissima*) inszeniert ein malerisches Wellenspiel.

Der Wirkung großzügiger Drifts kann man sich nicht entziehen. Sie bestätigen den Grundsatz „Weniger ist mehr". Das Brandkraut (*Phlomis russeliana*) offenbart nach der Blüte seine architektonischen Qualitäten. Blöcke mit Rotem Scheinsonnenhut (*Echinacea purpurea* 'Magnus') halten die Bepflanzung optisch zusammen. Über allem tanzen die bronzefarbenen Samenstände des Riesen-Federgrases (*Stipa gigantea*).

befreit wurde, meldete sich die Ackerwinde nach kurzer Zeit wieder zurück. Ihre Bekämpfung erweist sich als mühsam, da sich die Triebe heimtückisch den Boden entlangwinden, um zwischendurch die Vertikale zu erobern, sodass man ihren Ursprung schlecht findet. Da hilft nur Beharrlichkeit und stetes Entfernen, was die Pflanzen letztendlich schwächt und aushungert.

Aufgrund der exponierten Lage ist das Grundstück starken, und im Winter kalten Winden ausgesetzt. Im Winter regnet es meist reichlich, im Sommer bei Temperaturen über 30 °C

manchmal wochenlang gar nicht. Trotz der Herausforderungen von Klima und Boden hat sich die Anlage – abgesehen von einigen Ausnahmen – prächtig entwickelt. Nur Duftnessel (*Agastache*), Pallisaden-Wolfsmilch (*Euphorbia characias*) und Trichterschwertel (*Dierama*) verabschiedeten sich schnell. Elaine und David genießen den ständigen Wandel in ihrem Garten, der zu jeder Jahreszeit ein anderes Bild bietet.

Steppen-Salbei (*Salvia nemorosa* 'Ostfriesland') schlägt blauviolette Wellen zwischen Brandkraut, Rotem Scheinsonnenhut, Woll-Ziest (*Stachys byzantina*) und Patagonischem Eisenkraut (*Verbena bonariensis*). Im Zentrum stehen Horste des Riesen-Federgrases. Auch auf kleinem Raum darf man ruhig kühn pflanzen! Wiederholung sorgt für Rhythmus und lässt das Auge zur Ruhe kommen.

Das wertvolle Reitgras (*Calamagrostis × acutiflora* 'Karl Foerster') schimmert goldfarben im Spätsommer. Hier wirkt es als Leitmotiv zwischen Rotem Scheinsonnenhut (*Echinacea purpurea* 'Magnus'), Hoher Fetthenne (*Sedum* 'Matrona') und Kugeldistel (*Echinops ritro* 'Veitch's Blue'). In ein paar Monaten verwandelt sich dieses Beet in eine faszinierende Wintersilhouette!

## Zielgruppe des „New Perennial Movement"

Das *New Perennial Movement* ist nicht nur ein Stil, es ist eine Lebensphilosophie. Im Grunde ist es eine Verschmelzung der *Dutch Wave*, des *New American Garden* und nicht zuletzt der Ideen Karl Foersters, der sich bereits Anfang des 20. Jahrhunderts für die Verwendung von Stauden und Gräsern im Garten einsetzte, was den Begriff „New" relativiert. Keine andere Bewegung akzeptiert das Werden und Vergehen in diesem Maß und sieht Schönheit in beidem. Das ist ein krasser Gegensatz zu früher, als man das Sterben und Vergehen leugnete und im Herbst alles dem Erdboden gleichmachte. Mit dieser Art zu gärtnern treten wir in einen einzigartigen Austausch mit der Natur, eine Art Zwiegespräch. Unsere Neugier wird entfacht und befriedigt. Experimentieren bedeutet leben!

Diese Art von Bepflanzung ist für sehr ambitionierte Anfänger und erfahrene Gärtner geeignet. Sie erfordert ein kontinuierliches, sorgfältiges Management, damit wuchsfreudige Vertreter nicht die schwächeren verdrängen. Jeder Garten unterliegt einer gewissen Dynamik, aber der Grad hängt stark von den gewählten Pflanzen ab. Dieser Stil ist sehr dynamisch, d. h. die Beete sind aufgrund der Eigenschaften der Mitwirkenden starken Veränderungen ausgesetzt, die man überwachen muss. Der Schwerpunkt liegt zwar auf Stauden und Gräsern, Struktur und Formalität können jedoch in Form von Hecken und Solitärgehölzen miteinbezogen werden.

Die beste Wirkung wird mit einer reduzierten Palette erzielt. Bei der Planung sollten deshalb vor allem in kleinen Gärten nur Pflanzen miteinbezogen werden, deren Attraktivität sich über mehrere Jahreszeiten erstreckt. Jede muss sozusagen ein echtes Arbeitstier sein, um sich einen Platz bei uns zu sichern. Beziehen wir standfeste Gräser mit haltbaren Blüten (*Miscanthus, Pennisetum, Calamagrostis*), ausdauernde Samenstände (*Allium, Veronicastrum, Phlomis, Achillea, Eryngium, Lunaria, Papaver, Echinacea*) und schöne Rinde (*Cornus, Rubus, Betula*) mit ein, entsteht ein ganzjährig bezaubernder Garten.

Gibt es einen schöneren Ort, um für eine Weile die Welt hinter sich zu lassen? Gold-Garbe (*Achillea filipendulina* 'Gold Plate'), Katzenminze (*Nepeta × faassenii* 'Walker's Low') und Federgras (*Nasella tenuissima*) sind trockenheitstolerant und blühfreudig. Ein schöner Blickfang ist das stattliche Chinaschilf (*Miscanthus sinensis* 'Große Fontäne') im Hintergrund.

An meiner Terrasse wünschte ich mir ein ganzjährig schönes Beet, da dieser Bereich am meisten aufgesucht und von den Wohnräumen eingesehen wird. Gräser, Himmelsbambus (*Nandina domestica*) und Brandkraut (*Phlomis fruticosa, P. russeliana*) bilden das Gerüst. Eine rundum attraktive, pflegeextensive und trockenheitstolerante Gestaltung, die auch im Winter zu bezaubern weiß.

Passionierte Pflanzensammler werden sich mit dem Stil schwer tun, weil ihre Schätze im Nu überrannt würden. Die typischen Pflanzenvertreter dieses Stils fühlen sich auf mittelschweren, mäßig fruchtbaren Böden wohl, wo sie gut auch längere Phasen der Trockenheit überstehen.

Das Beispiel der Morgans demonstriert die hohe Standortamplitude, denn auch auf ihrem schweren, steinigen, stark winternassen und tonigen Lehmboden gedeihen die Pflanzen problemlos. Bei zu hoher Bodenfruchtbarkeit neigen Gräser und manche Stauden zum Umkippen und müssen gestützt werden. In trockenen Gegenden kann man den in diesen Pflanzungen beliebten, aber sehr wasserbedürftigen Purpur-Wasserdost (*Eupatorium purpureum*) durch den wesentlich bescheideneren, aber ebenfalls hübschen Gewöhnlichen Wasserdost (*E. cannabinum*) ersetzen. Bei der Gattung Sonnenhut (*Rudbeckia*) erweisen sich Prärie-Sonnenhut (*Rudbeckia fulgida* var. *deamii*) und der meist zweijährige Raue Sonnenhut (*Rudbeckia hirta*) auf schweren Böden als trockenheitsverträglich. Gelbe Akzente setzen auch Armblütige Sonnenblume (*Helianthus pauciflorus*) und Weidenblättrige Sonnenblume (*Helianthus salicifolius*) – beide bevorzugen trockene Böden.

Die Platzierung der Pflanzen mag locker und zufällig anmuten ist aber ausgeklügelt. Beete sind nicht konservativ höhengestaffelt. Hohe Gewächse finden sich auch mittig oder am Wegrand. Dabei achtet man auf ein ausgeglichenes, gefälliges Bild und genügend Durch- bzw. Ausblicke. Trotz unserer modernen Lebensgewohnheiten finden sich in unseren Genen noch heute Spuren unserer Vorfahren, die sich in unübersichtlichem Gelände wegen Gefahren aller Art unwohl fühlten und es mieden. Deshalb beschleunigt sich in dunklen Dickichten und Wäldern unser Schritt und verlangsamt sich auf Lichtungen.

Ein großes Plus dieses Stils ist seine Attraktivität für die zunehmend bedrängte Fauna, für die solche Gärten wertvolle Zufluchtsorte sind.

# EIN KIESGARTEN MIT MEDITERRANEM FLAIR

Bernadette und John Thompson bezogen ihr stattliches, neues Backsteinhaus im englischen Buckinghamshire im Sommer 2003. Die kalkhaltige Erde der Gegend ist sehr durchlässig und enthält große Mengen Steine und Kies. Ein Teil davon wurde bei der Neuanlage abgetragen und durch Mutterboden ersetzt. Die beiden wünschten sich wenig Rasen, weil sie ihn langweilig finden, und dafür eine schwelgerische Blütenfülle in einem gut strukturierten Garten. Obwohl sie eine Vorstellung von ihren Wunschpflanzen hatten, konnten sie selbst keinen befriedigenden Plan entwickeln und zogen die Designerin Barbara Hunt hinzu. Ein Konzept aus schwungvollen Bögen und Kreisen brachte einen ansprechenden Rhythmus ins Spiel und weist dem Besucher gleichzeitig die Richtung. Auf kleinem Raum (450 m$^2$) sind intime, üppig und vielseitig bepflanzte Nischen entstanden, die trotz der Südlage problemlos Trockenheit die Stirn bieten. Eine mit Backsteinen eingefasste Terrasse gleicht die leichte Höhendifferenz aus und gestattet einen Rundumblick auf die anderen Bereiche.

Dieses Beispiel veranschaulicht vorbildlich, wie man eine kleine Fläche aufteilt und harmonisch verschiedene Stimmungen kreiert.

Bei der Auswahl der Materialien beschränkten sich die Thompsons auf Kies (Beete und erhöhter Sitzplatz), Backsteine (Einfassung) und Steinplatten (Wege und Terrasse am Haus). Generell empfiehlt es sich, nicht mehr als zwei oder drei verschiedene Materialien zu verwenden, damit das Design nicht chaotisch wirkt.

Eine Kirschlorbeerhecke umgibt die Anlage und schützt nicht nur vor fremden Blicken, sondern auch vor starken Winden. Kirschlorbeer (*Prunus laurocerasus*) ist eine exzellente Wahl für trockene Regionen, nur Dauer- und Kahlfrost mag er nicht, weshalb in rauen Gegenden laubabwerfende Hecken vorzuziehen sind.

Buchskugeln und eine geschwungene, niedrige Hecke aus Echtem Lavendel (*Lavandula angustifolia*) unterteilen und strukturieren auf subtile Art. Der Duft an warmen Sommertagen verzückt nicht nur die Besitzer! Dem Paar war an pflegeleichten Pflanzen gelegen, die unter den vorhandenen, schwierigen Bedingungen gedeihen. Brandkraut (*Phlomis russeliana*), Storchschnabel (*Geranium*) und Bergenie (*Bergenia*) sollten mit einbezogen werden.

Kies ist ein wunderbares Mulchmaterial, unterdrückt Wildwuchs, speichert die Wärme und ist ideal für wärmeliebende, empfindlichere Gewächse wie Zistrosen (*Cistus*).

Natürlich säen sich im Kies ebenfalls Pflanzen aus, die sich aber rechtzeitig leicht entfernen lassen. Auch wenn die Bepflanzung eine erfrischende Leichtigkeit ausstrahlt, darf man sich nicht darüber hinwegtäuschen lassen, dass zwei passionierte, engagierte Gärtner dahinter stehen, die stetig ihren Teil zum Erhalt beitragen.

Im milden Klima Südenglands blüht das ganze Jahr hindurch etwas.

Kurven und Kreise prägen Bernadette Thompsons kleinen Garten. Eine Lavendelhecke (*Lavandula angustifolia*) rahmt die erhöhte Terrasse. Im Kies wachsen Blutroter Storchschnabel (*Geranium sanguineum*), Brandkraut (*Phlomis* russeliana), Sonnenröschen (*Helianthemum*) und Kaukasus-Gedenkemein (*Omphalodes cappadocica*). Kugelig geschnittene Sträucher nehmen das Leitmotiv der runden Formen auf.

Bild oben: Eine Hecke aus Kirschlorbeer (*Prunus laurocerasus*) fasst das Grundstück ein und sorgt für Privatsphäre. Kirschlorbeer ist sehr wüchsig und wird im späten Frühling oder Frühsommer beschnitten. Eine Bereifte Rose (*Rosa glauca*) bezaubert mit überhängendem Wuchs. Laub und Triebe sind rötlich und grau bereift. Aus ihren karminrosa Blüten entwickeln sich später kugelige, orangerote Hagebutten.

Bild unten: Die kompakte Bibernell-Rose (*Rosa spinosissima* 'Dunwich Rose') ist bei Insekten sehr beliebt. Wie *Rosa glauca* ist sie anspruchslos und pflegeleicht. Am Vogelbad rechts hinten schmückt sich das Strauchige Brandkraut (*Phlomis fruticosa*) mit dunkelgelben Blüten. Kugelig geschnittene Ziersträucher binden das Haus in den Garten ein und sorgen für Ruhepole in der lebhaften, abwechslungsreichen Bepflanzung.

## SCHÖNE WILDROSEN FÜR TROCKENE STANDORTE

- *Rosa arvensis*
- *Rosa canina*
- *Rosa glauca*
- *Rosa pimpinellifolia*
- *Rosa rubiginosa*
- *Rosa rugosa* in Sorten
- *Rosa hugonis*
- *Rosa moyesii*
- *Rosa sweginzowii* 'Macrocarpa'
- *Rosa pendulina* 'Bourgogne'

# EIN KIESGARTEN FÜR ALLE FÄLLE

Mein pflegeleichter grüner Kiesgarten: Kreuzdorn (*Rhamnus alaternus*), Buchs, Palisaden-Wolfsmilch (*Euphorbia characias*) und Strauchiges Brandkraut (*Phlomis fruticosa*)) sorgen für Struktur. Federgras (*Nasella tenuissima*), Chinaschilf (*Miscanthus sinensis* 'Blütenwunder') und Patagonisches Eisenkraut (*Verbena bonariensis*) setzen subtile, saisonale Akzente.

Kiesgärten lassen sich ganz unterschiedlich interpretieren. Wählen Sie jedoch Kies aus Ihrer Region, der zum Haus passt.

Möchte man relativ wenig Zeit in den Unterhalt investieren, kann man überwiegend langsam wachsende oder geschnittene Gehölze integrieren. Einmal im Jahr geht man mit der Schere durch, und das Resultat ist ordentlich und strahlt Ruhe aus. Gräser inmitten der Sträucher lassen uns an den Jahreszeiten teilhaben, bringen Bewegung, manchmal sogar Drama ins Spiel. Damit die Wirkung von Kies erhalten bleibt, sollte auf genügend Platz zwischen den Pflanzen geachtet werden. Pflanzliches Material, welches sich auf dem Kies ablagert, wird regelmäßig entfernt, sonst bildet sich schnell Humus, eine offene Einladung für Samen.

Bei Kiesgärten mit wenig Dynamik, in denen man die Selbstaussaat nicht ermutigen möchte, lohnt sich das Verlegen von unkrautunterdrückendem Vlies oder Folie. In meinem grünen Kiesgarten kamen sogar alte Abschnitte von Teichfolie zum Einsatz.

Egal, wie man Kies pflegt und sauber hält, Ablagerungen lassen sich nicht gänzlich verhindern, und Samen lassen sich auch in winzigen Humustaschen nieder. Da hilft nur eines: beim Durchschlendern en passant herauszupfen, was man nicht haben möchte.

Das ist eine ganz meditative Tätigkeit. Liebt man Zufall und Dynamik und ist gewillt, seinem Garten oder Beet mehr Zeit zu widmen, verzichtet man auf Vlies, wartet gespannt ab, was sich niederlässt und entfernt einfach unerwünschte Sämlinge. Ich sage „einfach“ und meine rechtzeitig, was sich dann meist als einfach erweist.

Bei Kiesgärten unter großen Bäumen ist mehr Einsatz gefragt, vor allem im Herbst, wenn die Blätter fallen. Manche malen mit ihren Rechen in japanischen Gärten stundenlang Muster in Kiesflächen. Dann ist es auch nicht schlimm, wenn man ein wenig Zeit auf das Einsammeln von Laub verwendet.

Schnittverträgliche, trockenheitstolerante Ziersträucher für den grünen Kiesgarten sind z. B. Eibe (*Taxus baccata*), Berberitze (*Berberis*), Buchs (*Buxus*), Besenheide (*Calluna*), Ölweide (*Elaeagnus*), Zwergmispeln (*Cotoneaster*) und Immergrüner Kreuzdorn (*Rhamnus alaternus*). Liebhaber von Nadelgehölzen werden bei Kiefer (*Pinus*), Wacholder (*Juniperus*), Stech-Fichte (*Picea pungens*) und Tanne (*Abies*) fündig. Mittlerweile gibt es viele Zwergsorten für kleine Grundstücke.

Rein grüne Kiesgärten haben einen Nachteil: Sie können Insekten und Vögeln – abgesehen von Nistplätzen – nicht viel bieten. Vielleicht ist ein Kompromiss die Lösung? Schon das Einbeziehen weniger Blütensträucher wie Heide (wertvoll für Hummeln, die an milden Wintertagen auf Nahrungssuche gehen), Wildrose, Mahonie (*Mahonia*) oder Andenstrauch (*Escallonia*) machen einen überwiegend grünen Gartenraum gleich viel sympathischer.

Sehr schöne, nahezu poetische, da vergängliche Bilder erzielt man mit einem naturalistischen Kiesgarten auf eher kargen, gut durchlässigen Böden in voller Sonne. Hier können ein- und mehrjährige Pflanzen und Kräuter unter liebevoller Aufsicht ein kunterbuntes Fest feiern. Kies oder Schotter beschwören in diesem Zusammenhang ein natürlich anmutendes Habitat, wie eine Halbwüste oder Geröllhalde, herauf. Eine Schicht von 5–7,5 cm genügt vollauf. Eine variierende Schichtdicke begünstigt die Ansiedelung verschiedener Arten.

Dieses Gartenkonzept spricht Menschen an, die Vielfalt und Wildheit schätzen und sich auf Tierbeobachtungen freuen. Die Bepflanzung mit Kräutern und Wildblumen ist absolut trockenresistent und muss weder gegossen noch gedüngt werden. Es eignen sich z. B. Mohn (*Papaver*), Königskerze (*Verbascum*), Goldmohn (*Eschscholzia*), Mazedonische Witwenblume (*Knautia macedonica*), Fingerhut (*Digitalis*), Storchschnabel (*Geranium*), Junkerlilie (*Asphodeline lutea*), Gewöhnlicher Natterkopf (*Echium vulgare*), Rauer Sonnenhut (*Rudbeckia hirta*) und Malve (*Malva moschata*). Strauchige Kräuter wie Lavendel (*Lavandula*), Salbei (*Salvia officinalis*) und Thymian (*Thymus*)

Diese klassisch-moderne Gestaltung des englischen Designers Cleve West verbindet den naturalistischen Charme eines Kiesgartens mit einem formalen Senkgarten. Verstreut wachsen Junkerlilien (*Asphodeline lutea*), Italienische Strohblume (*Helichrysum italicum*) und Riesen-Federgras (*Stipa gigantea*) Eine geschnittene Eibenhecke (*Taxus baccata*) bildet den ruhigen Hintergrund für die bunte Bepflanzung.

Schotter dient gleichzeitig als Wegbelag und Beetmulch. Ein mäandernder Weg führt durch diese pastellfarbene, feminin anmutende Bepflanzung mit Hoher Fetthenne (*Sedum* 'Matrona'), Blauraute (*Perovskia atriplicifolia* 'Blue Spire') und Rotem Scheinsonnenhut (*Echinacea purpurea*). Eine rundlich geschnittene Eibe (*Taxus baccata*) und die kleine Gruppe Birken in der Ferne dienen als Blickpunkte.

sorgen für Struktur und schmackhafte Würze in der Küche. Alpenveilchen (*Cyclamen*), Fackellilien (*Kniphofia galpinii*), Schachblumen (*Fritillaria acmopetala, F. pyrenaica*), Wohlriechendes Veilchen (*Viola* odorata), Wildtulpen und südafrikanische *Nerine* setzen saisonale Akzente.

Gut könnte man sich in diesem Zusammenhang auch eine Wildrose oder eine geschnittene Stechpalme (*Ilex aquifolium*) als Kontrast vorstellen. Gräserfans integrieren anspruchslose Gräser wie Wiesenhafer (*Helictotrichon sempervirens*), Federgras (*Nasella tenuissima*) und Schwingel (*Festuca*). Auch kleinere Bäume haben durchaus eine Daseinsberechtigung, wenn Platz und Konzept es zulassen.

Trockenheitsverträglich sind Arten und Sorten von Judasbaum (*Cercis*), Goldregen (*Laburnum*), Robinie (*Robinia*), Gleditschie (*Gleditsia*), Felsenbirne (*Amelanchier*), Erbsenstrauch (*Caragana*), Kleeulme (*Ptelea*) und Eberesche (*Sorbus*).

Dies ist nur eine winzige Auswahl, die Natur bietet uns endlose Inspiration. Also Augen auf beim Wandern über Magerwiesen, Steppen und Geröllhänge.

Achten Sie beim Platzieren der Pflanzen auf unregelmäßige, zufällig wirkende Abstände, und planen Sie einen kleinen Weg ein, auf dem sich das Beet pflegen und erkunden lässt. Die Pflege beschränkt sich auf das Auslichten und Entfernen unerwünschter Sämlinge und von Samenkapseln besonders vermehrungsfreudiger Zeitgenossen.

Drifts mit leuchtendblauen Kugeldisteln (*Echinops ritro* 'Veitch's Blue'), Steppen-Salbei (*Salvia nemorosa*) und Rotem Schein-sonnenhut (*Echinacea purpurea* 'Magnus') prägen dieses schlichte Beet. Die grazilen Blüten des Fenchels (*Foeniculum vulgare*) bezaubern bis in den Winter hinein. Reitgras (*Cala-magrostis × acutiflora* 'Karl Foerster') überzeugt durch seine strukturbildenden Qualitäten.

# VERTIKALE GÄRTEN – KLEINE WUNDERWELTEN

Mauern sind bislang die einzigen ausgereiften, auf Dauer Erfolg versprechenden vertikalen Gärten, die keinerlei Bewässerung und wenig bis gar keine Pflege beanspruchen. Sie sind die Trockengärten par excellence! Zudem sind sie wichtige Biotope für Insekten, Vögel und Reptilien.

Sie lassen sich auf kleinstem Raum verwirklichen und mit der richtigen Pflanzenwahl sehen sie über lange Zeit ansprechend aus. Verzweifeln Sie also nicht, wenn Sie nur einen winzigen Innenhof haben. Vielleicht ist die geeignete Basis schon da oder liegt im Bereich des Möglichen. Stimmen Sie bei neuen Konstruktionen das Material auf den Stil des Hauses und die Umgebung ab.

Im Gegensatz zu modernen Wandbegrünungen, deren Überleben von mehr oder weniger aufwendiger Technik, Bewässerung und Düngung abhängt, tauchen Pflanzen auf Mauerkronen und in Fugen oft von ganz allein auf, d. h. sie haben sich dieses Habitat ausgesucht, und folglich stimmt es auch für sie. Pflanzen täuschen sich nur selten! Natürlich funktioniert dies am besten mit Natursteinmauern, die genügend Nischen zum Niederlassen bieten. Das können trockene oder mit ein bisschen Mörtel aufgeschichtete Mauern sein. Je mehr Fugen und Lücken, desto mehr Pflanzen lassen sich ansiedeln.

Baut man die Mauer neu, integriert man gleich ausreichend breite Fugen. Diese müssen nicht groß sein, ein bis zwei Finger breit, manche Pflanzen kommen noch mit viel weniger aus. Was tun, wenn sich nun niemand von selbst einfindet oder man die Sache gern beeinflussen und beschleunigen möchte? Viele Pflanzen kommen mit diesen kargen, stressigen Verhältnissen zurecht, wenn sie sich einmal etabliert hat. Anfangs greifen wir ihnen unter die Arme, indem wir die Fugen mit durchlässigem Substrat füllen. Das geht ganz gut mit einem schmalen Löffel. Die Pflanzen beziehen wir als Zwerge, damit wir nicht zu viel am Wurzelballen herumschneiden müssen und sie sich beim Anwachsen leichter tun.

Platzieren Sie die Gewächse sorgfältig und so tief wie möglich auf das Substrat in den Fugen. Bei dieser Aktion ist ein wenig Fingerspitzengefühl und Geduld gefragt, aber beides wird später belohnt. Die Lücken werden aufgefüllt und die Erde schön fest gedrückt. Anschließend gießt man mit einer feinen Brause, wobei man darauf achtet, dass die Erde nicht sofort wieder ausgespült wird. In der ersten Saison muss die Bepflanzung ab und zu gewässert werden, danach dürfen Sie sich zurücklehnen und genießen.

Für **halbschattige und schattige Standorte** eignen sich Brauner Streifenfarn (*Asplenium trichomanes*), Engelsüß (*Polypodium vulgare*), Dalmatiner Glockenblume (*Campanula portenschlagiana*), Schleifenblume (*Iberis*), Goldtröpfchen (*Chiastophyllum oppositifolium*), Mauer-Zimbelkraut (*Cymbalaria muralis*), Gelber Lerchensporn (*Corydalis lutea*), Kahles Bruchkraut (*Herniaria glabra*), Venusnabel (*Umbillicus rupestris*) und Hellgelber Lerchensporn (*Corydalis ochroleuca*).

An **sonnigen, warmen Plätzen** fühlen sich Alpen-Steintäschel (*Alyssum saxatile*), Grasnelke (*Armeria*), Blaukissen (*Aubrieta*), Mittagsblume (*Dorotheanthus*), Hauswurz (*Sempervivum*), Steinbrech (Saxifraga), Walzen-Wolfsmilch (*Euphorbia myrsinites*), Karthäuser-Nelke (*Dianthus carthusianorum*), Spornblume (*Centranthus ruber*), Rotes Katzenpfötchen (*Antennaria dioica*), Steinquendel (*Calamintha nepeta*), Thymian (*Thymus*) und Hungerblümchen (*Draba aizoides*) wohl. Die Teppich-Myrten-Aster (*Symphyotrichum ericoides* subsp. *pansus* 'Snow Flurry') ist perfekt für Mauerkronen.

Enormen Formen- und Farbenreichtum finden wir bei den Fetthennen: *Sedum acre, S. album,S. cauticola, S. humifusum, S. lydium, S. obtusatum, S. rupestre, S. rubrotinctum, S. spathulifolium, S. spurium, S. floriferum* sowie *S. reflexum*.

Steinmauern kreieren ein vorteilhaftes Kleinklima und sind eine Gelegenheit, empfindlicheren Gewächsen ein Zuhause zu geben. Das Gärtnern in Mauerritzen fordert ein anderes Denken und Sehen. Wir schrumpfen in Gedanken und erkunden dieses kleine, faszinierende Universum aus der Perspektive von Eidechsen und Bienen. Wir lernen kleine Details kennen und lieben. Das Planen eines vertikalen Gartens erfordert dieselbe Sorgfalt und Hingabe wie für einen normalen Garten. Geben wir ein Thema oder eine Farbe vor? Beschränken wir uns auf eine Gattung oder rein grüne Pflanzen? Soll Wasser in Form eines Wandbrunnens eine Rolle spielen? Der Fantasie sind auch hier keine Grenzen gesetzt.

Eine geschwungene Trockensteinmauer, in der sich vor allem Eidechsen wohlfühlen, terrassiert das Hanggrundstück. Hauswurz (*Sempervivum*) und Steinkraut (*Alyssum*) haben Fugen erobert, in den Beeten tummeln sich trockenheitsresistente Wildstauden wie Malven (*Malva*), Magerwiesen-Margerite (*Leucanthemum vulgare*), Fetthenne (*Sedum*), Kartäuser-Nelke (*Dianthus carthusianorum*) und Flockenblume (*Centaurea*).

# DER TRAUM VOM SÜDEN

Viele sehnen sich in der oft grauen Realität Mitteleuropas nach dem Flair und Lebensgefühl Italiens, Spaniens oder Frankreichs. Mit mediterranen Gärten verbinden wir permanentes Feriengefühl, Genuss, Entspannung, Essen im Freien, das verführerische Spiel von Licht und Schatten, betörenden Duft und Grillengesang.

Am besten passen dieser Stil und seine Pflanzen in wintermilde Regionen mit heißen, langen Sommern. In raueren Gegenden ist die Pflanzenpalette zwar eingeschränkt, aber wir können uns dennoch ein wenig Mittelmeerflair schaffen. Was sind die prägenden Elemente?

Immergrüne, geschnittene, teils aromatische Sträucher, Mittelmeer-Zypressen (*Cupressus sempervirens*) oder ähnliche säulenförmige Koniferen (z. B. *Taxus baccata* 'Fastigiata', *Juniperus communis*), üppig begrünte Pergolen oder Lauben, in deren lichten Schatten man sich während der heißen Stunden zurückziehen kann, mit Geranien oder Schmucklilien bepflanzte Terrakottatöpfe und -urnen, kräftige (Wand-)Farben, plätschernde Brunnen, kunstvolle Fliesen, Kletterrosen ...

Es gibt viele mediterrane Pflanzen, die mitteleuropäische Winter überstehen, wenn sie in durchlässigem Boden an einem sonnigen, geschützten Standort wachsen. Sind wir zusätzlich bereit, dem einen oder anderen im Herbst ein warmes, trockenes Mäntelchen (z. B. aus luftigem Laub) überzuziehen, eröffnen sich viele weitere Möglichkeiten. Hier sei nochmals der Zusammenhang von langen, warmen oder heißen Sommern und verbesserter Winterhärte erwähnt: Je länger die Vegetationsperiode, desto mehr kann eine Pflanze ausreifen und ist so besser gegen Kälte gewappnet.

Der mediterrane Stil lässt sich in Innenhöfen, auf Terrassen, sonnigen Böschungen, am Meer, in der Stadt und auf dem Land verwirklichen. Er kann minimalistisch sein und nur wenige Elemente vereinen: eine blau oder orangefarben gestrichene Wand, ein architektonischer Baum als Blickpunkt und Schattenspender, ein schlichter Wandbrunnen, ein Beet mit Palmlilien (*Yucca*) und Thymian (*Thymus*) als Bodendecker. Warum soll man sich nicht mit einem kleinen Lavendelfeld ein Stück Provence nach Hause holen?

Oder er beherbergt – wie Nicole de Vésians berühmter Garten im französischen Luberon – eine kunstvolle Topiary-Sammlung. Sie hat nicht nur selbst gepflanzte Sträucher und Bäume einem Formschnitt unterzogen, sondern auch die heimischen, bereits vorhandenen.

Das Spiel mit Formen, Texturen und Strukturen birgt einen besonderen Zauber. Blüten spielen, wenn überhaupt, eine Nebenrolle und dienen vor allem dazu, uns die Jahreszeiten ins Gedächtnis zu rufen: Judasbaum (*Cercis siliquastrum*), Palisaden-Wolfsmilch (*Euphorbia characias*), Stinkende Nieswurz (*Helleborus foetidus*) im Frühling, Rosen, Lavendel, Hibiskus und Sternjasmin (*Trachelospermum jasminoides*) im Sommer. Das flammende Laub von Jungfernrebe (*Parthenocissus*) und Essigbaum (*Rhus typhina*) lässt uns am großen Herbstfinale teilhaben.

Unabhängig davon, wie man seinen Traum vom Süden umsetzt, darf man nie vergessen, dass mediterrane Gärten auch in üppigen Varianten Ruhe ausstrahlen.

Elaine und David Morgan haben auf eine hohe Trockenheitsverträglichkeit geachtet: Lavendel (*Lavandula agustifolia, L. × intermedia* 'Grosso') und Woll-Ziest (*Stachys byzantina*) kontrastieren spannend in Blüten und Blättern. Weiter hinten setzt Eberraute (*Artemisia ludoviciana, A.* 'Powis Castle') das graue Farbschema fort, das Eleganz und Subtilität heraufbeschwört.

Eine Liebeserklärung an den Süden: In den Sommermonaten ist im Garten von Liz und Bob Godfrey Duftwandeln angesagt: Wald-Geißblatt (*Lonicera periclymenum*), *Rosa* 'Eden Rose' und *Clematis* × *triternata* 'Rubromarginata' (im Hintergrund) gesellen sich mit ihrem Duft zum Englischen Lavendel und geizen wie die dankbare Italienische Waldrebe (*Clematis viticella* 'Etoile Violette') nicht mit Blüten.

Bild rechts: Weniger ist eindeutig mehr! Die Kombination von Echtem Lavendel (*Lavandula angustifolia*-Sorten 'Hidcote' und 'Munstead') und Sternkugel-Lauch (*Allium christophii*) ist wirklich himmlisch. Die Zierlauch-Skelette sind noch lange nach Blüte und Rückschnitt des Lavendels ein Hingucker. Beide mögen durchlässige Böden in der Sonne.

## Jardin d'Entêoulet

Renée Boy-Faget lebt ihre Lust am Gestalten im französischen Departement Gers aus, das sich im Südwesten des Landes befindet. Ihr Garten steckt voller Charme und Ideen. Die Winter im Gers sind eigentlich mild, die Temperaturen fallen jedoch des Öfteren unter Null, verharren dort aber nicht lang. Die Sommer sind extrem heiß, Temperaturen um die 40 °C sind keine Seltenheit.

Ein besonderes Bravourstück ist der Bereich vor ihrem alten Bauernhaus, in dem formstarke Gehölze wie geschnittener Buchs, Mittelmeer-Zypressen (*Cupressus sempervirens*) und eine rotlaubige Gleditschie (*Gleditsia triacanthos* 'Ruby Lace') den Ton angeben. Die Gleditschie, eine echte Trockenkünstlerin, breitet malerisch ihre Äste über eine blaue Lutyens-Bank, die symmetrisch gepflanzte Horste des Riesen-Federgrases (*Stipa gigantea*) flankieren. Zur Blütezeit tanzen die goldenen Ähren federleicht in der sanftesten Brise.

Eine Steinmauer umgibt diesen Raum in Richtung Straße und verleiht ihm Geborgenheit. Zum Haus hin wird er mit regelmäßig gesetzten Buchskegeln optisch abgetrennt. Es ist nicht zuletzt die Ausgewogenheit von bepflanzten und leeren Flächen (im Englischen: „masses and voids"), die dieses Design so erfolgreich machen.

Das formale Layout steht in angenehmem Kontrast zur lockeren, romantischen Bepflanzung in Blau-Rosa-Gelb. Die Kombination von Rosa und Gelb ist nicht jedermanns Sache, funktioniert in diesem Fall aber vorzüglich, weil das Gelb des Gestreiften Grasschwertels (*Sisyrinchium striatum*) zart, unaufdringlich und pastellig ist. Daneben macht die dauerblühende Bodendeckerrose ''The Fairy' eine gute Figur und schmückt sich später mit hübschen, kleinen Hagebutten. Buchskegel und Rosen wurden alternierend platziert und bringen auf diese Weise einen gut lesbaren Rhythmus in das Design.

Auf der Mauer gesellen sich Wollziest (*Stachys byzantina*), Karwinskis Berufkraut (*Erigeron karvinskianus*) und Spornblume (*Centranthus ruber*) zu den rosa Blütengirlanden. Die Blütezeit der Katzenminze (*Nepeta × faassenii*) wird mit einem Rückschnitt verlängert, der auch die Selbstaussaat reduziert. Die Rasenfläche ist absichtlich klein gehalten und könnte auch ganz durch Steinplatten ersetzt werden. Eine andere Alternative für arme, durchlässige Böden ist die Kombination von Platten und Thymianrasen. Von einem reinen Thymianrasen ist abzusehen, da er nicht ausreichend trittfest ist. Bevorzugt man Rasen, so ist eine robuste Gräsermischung für trockene Böden die ideale Wahl. Die darin enthaltenen Gräser sind wegen ihrer tiefer gehenden Wurzeln und Herkunft (Südeuropa) trockenheitsverträglicher als herkömmliche Zierrasenmischungen und regenerieren sich schneller. Im Hinblick auf Nachhaltigkeit darf man ruhig einen Kräuterrasen in Betracht ziehen. Er ist das blühende Pendant zum sterilen englischen Rasen, der hoffentlich bald aus der Mode kommt. Ein blühender Rasen ist ökologisch wertvoller, da er Insekten Nahrung bietet und viel pflegeleichter ist.

Gras-Kräuter-Mischungen enthalten langsam und wenig aggressiv wachsende Gräserarten und trittverträgliche Kräuter wie Schafgarbe, Gänseblümchen und Gewöhnliche Braunelle.

Wichtig: Kräuterrasen bevorzugen ärmere Böden, weil sonst die Gräser mit der Zeit die Kräuter verdrängen. Fette Substrate vor der Aussaat mit Sand abmagern.

Renée Boy-Fagets Gestaltung trotzt sommerlicher Hitze und Trockenheit und ist dank der strukturstarken Komponenten das ganze Jahr ein schöner Anblick.

Bild rechts unten: Die lockere, liebliche Bepflanzung nimmt den akkurat getrimmten Buchskegeln ein wenig die Strenge. *Rosa* 'The Fairy', Karwinskis Berufkraut (*Erigeron karvinskianus*), Rote Spornblume (*Centranthus ruber*) und Woll-Ziest (*Stachys byzantina*) flirten mit geometrischen Formen. Bergenie und eine Jungfernrebe (*Parthenocissus tricuspidata*) haben die moosbedeckte, alte Steinmauer erobert.

Im Jardin d' Entêoulet finden sich mediterrane Elemente wie Formschnitt und säulenförmige Zypressen. Die Lutyens-Bank und die Kombination von Stauden und Rosen deuten gleichzeitig auf einen englischen Einfluss. Eine mit Sukkulenten bepflanzte Terrakottavase markiert die Wegkreuzung und agiert als Blickpunkt. Ihre Patina greift dezent das Rot der Gleditschie (*Gleditsia triacanthos* 'Ruby Lace') auf.

## DIE WICHTIGKEIT VON „MASSES AND VOIDS"

Jede Landschaft setzt sich aus bepflanzten oder bebauten (z. B. Hecken, Bäume, Beete, Pavillon) und unbepflanzten, offenen (z. B. Rasen, Kiesfläche, Terrassen, Teich) Flächen zusammen. Die Ausgewogenheit derselben und ihr Layout beeinflussen die Gesamtwirkung des Konzepts. Sie bestimmen, wie wir uns durch den Garten bewegen und ob wir uns darin wohlfühlen. Leere betont Volumen und umgekehrt. Stopfen wir einen Raum – egal ob drinnen oder draußen – zu sehr voll, werden wir uns nicht gerne darin aufhalten. Wie viel offene Fläche brauchen Sie für Ihr Wohlbefinden? Bei einem Modernisten wird die Antwort sicher anders ausfallen als bei einem Cottage-Garten-Liebhaber. Als Faustregel gilt ein Verhältnis von nicht mehr als 40:60, d. h. das Volumen sollte die Leere nicht übersteigen. Das muss natürlich nicht für jeden stimmen und ist vor allem für Pflanzenfans auf kleinen Grundstücken eine Herausforderung. Gehen Sie einmal mit offenen Augen durch Ihren Garten. Stimmt es für Sie?

# BÖSCHUNGEN UND HÄNGE GESTALTEN

Hanggärten sind extremeren Boden- und Klimabedingungen ausgesetzt. Der Boden ist meist arm, trocken, steinig und anfällig für Erosion. Regen- und Gießwasser fließt leicht ab und dringt nicht in die Tiefe. Ohne Bepflanzung steigt die Gefahr von Erdrutschen. Pflegearbeiten am Hang sind kein Vergnügen,
deshalb sollte die Gestaltung so autark wie möglich sein. Stützmauern gleichen größere Niveauunterschiede aus, reduzieren das Gefälle und erleichtern die Unterhaltsarbeiten. Nach Süden und Westen ausgerichtete Hänge sind sehr sonnig und trocken. Nord- und Osthänge sind durch ihre schattige Lage meist frischer. An sonnigen Hängen bieten sich mediterrane und andere wärmeliebende Gewächse wie Steingarten- und Heidepflanzen an. Pflegeextensive Magerwiesen sind eine Alternative und müssen höchstens zweimal im Jahr gemäht werden. Eine Gestaltung mit Stauden und Gräsern ist jedoch abwechslungsreicher und länger attraktiv.
An halbschattigen und schattigen Hängen gedeihen immergrüne Bodendecker, die schon nach wenigen Jahren zu einem dichten, unkrautunterdrückenden Teppich zusammenwachsen und fast ohne Pflege auskommen.

Von Vorteil sind Pflanzen mit starken Oberflächenwurzeln. Die Triebe mancher Sträucher wie *Jasminum nudiflorum* und Zwergmispel (*Cotoneaster*) bilden bei Bodenberührung neue Wurzeln und bewahren damit das Erdreich vor dem Abrutschen. Ihr Ausbreitungswille macht sie perfekt für Nicht-Gärtner!

Je nach gewünschter Ausstrahlung lassen sich noch andere robuste Sträucher integrieren, die strukturierend wirken und die Blütezeit verlängern. Es eignen sich Wildrosen, Kletter-

### PFLEGELEICHTE, TROCKENHEITSVERTRÄGLICHE BODENDECKER FÜR **SCHATTIGE** HÄNGE

- Ysander (*Pachysandra terminalis*)
- Weicher Frauenmantel (*Alchemilla mollis*)
- Gewöhnlicher Tüpfelfarn (*Polypodium vulgare*)
- Blaurote Steinsame (*Lithospermum purpurocaeruleum*)
- Echte Goldnessel (*Lamium galeobdolon*)
- Kaukasusvergissmeinnicht (*Brunnera macrophylla*)
- Kletternder Spindelstrauch (*Euonymus fortunei*)
- Immergrün (*Vinca*)
- Maiglöckchen (*Convallaria*)
- Waldmeister (*Galium odoratum*)
- Balkan-Storchschnabel (*Geranium macrorrhizum*)

### PFLEGELEICHTE, TROCKENHEITSVERTRÄGLICHE BODENDECKER FÜR **SONNIGE** HÄNGE

- Balkan-Storchschnabel (*Geranium macrorrhizum*)
- Niedrige Fetthennen (*Sedum*)
- Katzenminze (*Nepeta*)
- Spornblume (*Centranthus ruber*)
- Bodendeckerrosen
- Bergenie (*Bergenia*)
- Prachtkerze (*Oenothera lindheimeri*)
- Lavendel (*Lavandula*)
- Zypressen-Wolfsmilch (*Euphorbia cyparissias*)
- Rosmarin (*Rosmarinus officinalis* 'Boule' oder 'Prostratus')
- Kampfer-Wermut (*Artemisia alba*)
- Walzen-Wolfsmilch (*Euphorbia myrsinites*)

Hortensie (*Hydrangea anomala* subsp. *petiolaris*), Korallenbeere (*Symphoricarpos*), Zimt-Himbeere (*Rubus odoratus*), Kriechende Säckelblume (*Ceanothus thyrsiflorus* var. *repens*), Kriechende Mahonie (*Mahonia repens*), Pfaffenhütchen (*Euonymus europaeus*) und Zierquitte (*Chaenomeles*).

Böschungsbepflanzungen trocknen aufgrund ihrer exponierten Lage schnell aus. Deshalb wachsen hier absolut trockenresistente Stauden und Sträucher: Strauchiges Brandkraut (*Phlomis fruticosa*), ein kegelförmiger Buchsbaum (*Buxus sempervirens*), Salbei (*Salvia officinalis*), Rosmarin (*Rosmarinus officinalis*), Palisaden-Wolfsmilch (*Euphorbia characias*) und Hohe Bart-Iris (*Iris barbata-eliator*).

# MODERNE INSPIRATIONEN

Der Trend zu modernen Gärten nimmt zu und lässt sich auf kleinstem Raum umsetzen. Moderne Gärten sind oft pflegeleicht und trockenheitstolerant, da ihre Besitzer meist Fans von Architektur und modernen Materialien sind und sich die Leidenschaft fürs Gärtnern in maßvollen Grenzen hält. Das oberste Gebot heißt Schlichtheit. Gedämpfte Farben werden bevorzugt, aber es gibt durchaus auch farbkräftige Versionen. Sie funktionieren jedoch am besten auf kleineren Flächen. Kieselsteine, Schotter, Glasperlen, Kies, Schiefer- oder Tonscherben ersetzen herkömmliche Mulchmaterialien.

In diesem modernen Gräsergarten gibt es gleich vier Zierlauch-Arten: Bulgarischer Zierlauch (*Nectaroscordum siculum* subsp. *bulgaricum*), Kugel-Lauch (*Allium sphaerocephalon*), *A.* 'Globemaster' und *A.* 'Purple Sensation'. Der goldene Farbton der Blüten des Federgrases (*Nasella tenuissima, Stipa gigantea*) findet sich in den Samenständen des Zierlauchs wieder.

## Ein Hauch von wilder Unberührtheit

Liebhaber architektonischer Pflanzen kommen bei winterharten Palmlilien (*Yucca*) und Neuseelandflachs (*Phormium*) auf ihre Kosten. Sie strahlen eine reizvolle Mischung von Exotik und Wildnis aus. Beide Gewächse gehören aufgrund ihrer Formen zusammen mit Blumenrohr (*Canna*), Fackellilie (*Kniphofia*), Schmucklilie (*Agapanthus*), *Aeonium,* Zimmeraralie (*Fatsia japonica*), Gräsern, Sukkulenten und Bambus (*Phyllostachys, Fargesia*) zu den Lieblingen moderner Gartengestalter. In einem Garten mit reduzierter Farb- und Pflanzenpalette liegt das Augenmerk auf kontrastierenden Formen und Texturen.

Das mag sich zunächst langweilig anhören, vor allem wenn man dabei das Bild eines bunten Cottage-Gartens vor Augen hat. Hat man aber einmal begonnen, sich mit den verschiedenartigen Blattformen und -strukturen zu beschäftigen, merkt man schnell, wie enorm die Vielfalt ist. Reine Gräsergärten sind nahezu monochrom und wirken durch Struktur, Textur, Blattform, -zeichnung und Bewegung. Blüten und Herbstfärbung sind bei manchen Arten ein weiterer Bonus.

## Moderner Gräsergarten

Stauden werden in vielen modernen Gärten vernachlässigt und architektonische Pflanzen bevorzugt. Es ist gerade so, als wolle man allem den Stempel des Minimalismus aufdrücken. Sterile, leblose und seelenlose Gestaltungen sind in modernen Gärten leider die Regel. Warum eigentlich? Man hat durch die Architektur bereits genug Ordnung und Kontrolle ausgeübt, so dass man sich bei der Bepflanzung ruhig spielerischer und wilder

Gegensätze ziehen sich an: Ein nahezu monochromes, trockenheitstolerantes Beet mit einer modernen Note. Auf der einen Seite haben wir das aufrechte, schwertförmige Laub von Neuseelandflachs (*Phormium tenax*) und Palmlilien (*Yucca*), auf der anderen die filigrane Leichtigkeit der Gräser. Rechts breitet sich das hübsche, aber invasive Rohr-Glanzgras (*Phalaris arundinacea* var. *picta*) aus.

geben darf. Stauden komplementieren Gräser und verleihen durch ihren natürlichen Wuchs harten Linien und Formen mehr Weichheit. Bei der Auswahl kann man die ganz zügellosen, unordentlich wirkenden ja außen vor lassen und solche wählen, die Haltung bewahren. Damit die modernistische Gesinnung nicht verloren geht, wählt man nur eine Handvoll Stauden und setzt sie in großen Gruppen, Blöcken oder Drifts. Mit modernen Gärten werden oft gerade Linien und Winkel assoziiert, dabei können auch Kurven modern interpretiert werden. Wichtig ist, dass man sich dabei nicht verzettelt und zu viele Elemente wählt, die letztlich miteinander konkurrieren und den Betrachter verwirren. Die Besinnung auf eine Form prägt die Stimmung und entscheidet darüber, ob ein Design als hart oder fließend und weich empfunden wird.

## Zielgruppe des modernen Gartens

Moderne Gestaltungen kommen in vielen Formen daher und sprechen deshalb keine bestimmte Gruppe an. Der Schwerpunkt liegt auf der Architektur und wie diese mit dem Garten interagiert. Im Gegensatz zur Blütenfarbe wird der Gesamtform der Pflanze viel Bedeutung beigemessen, ebenso Mustern, die durch Hecken und eine bestimmte Anordnung entstehen. Diese Muster können abstrakt oder natürlich sein und werden vor allem vom Haus aus betrachtet ersichtlich.

Die Bepflanzungen können mit einer stark reduzierten Palette minimalistisch und pflegeextensiv sein. Minimalismus liegt im Trend, muss aber keineswegs kalt und nüchtern sein. Gestaltungen können aber auch vielfältig sein, essenziell ist eine klare, saubere Lesbarkeit des Designs oder der Designsprache. Muster finden sich überall, sei es in der Natur oder Kunst. Lassen Sie sich inspirieren!

### TROCKENHEITSTOLERANTE STAUDEN, DIE LANGE HALTUNG BEWAHREN

Scheinsonnenhut (*Echinacea purpurea, E. pallida*), Kugeldistel (*Echinops*), Dill (*Anethum*), Fenchel (*Foeniculum*), Färberhülse (*Baptisia*), Mannstreu (*Eryngium*), Brandkraut (*Phlomis tuberosa, P. russeliana*), Zierlauch (*Allium*), Virginischer Ehrenpreis (*Veronicastrum virginicum*), Sonnenhut (*Rudbeckia fulgida* var. *deamii*), Schafgarbe (*Achillea*), Stinkende Iris (*Iris foetidissima*), Königskerze (*Verbascum*), Wolfsmilch (*Euphorbia polychroma, E. myrsinites, E. ceratocarpa*), Hohe Fetthenne (*Sedum telephium*), Myrten-Aster (*Symphyotrichum ericoides*), Bärenklau (*Acanthus*), Schmucklilie (*Agapanthus*), Lanzen-Verbene (*Verbena hastata*)

# PFLANZPLAN 1: GARTEN MIT MEDITERRANEM FLAIR

**1** *Taxus baccata* (Kegelform) (6x)
**2** *Stipa calamagrostis* 'Allgäu' (14x)
**3** *Rosa* 'Tapis volant' (4x)
**4** *Erigeron karvinskianus* 'Profusion' (4x)
**5** *Salvia officinalis* 'Mittenwald' (6x)
**6** *Rosmarinus officinalis* 'Weihenstephan' (4x)
**7** *Lavandula × intermedia* 'Fragrant Memories' (32x)

In diesem kleinen Garten dürfen Sie sich in den Süden träumen: Entlang der Mauer schlängelt sich Karwinskis Berufkraut (*Erigeron karvinskianus* 'Profusion'), ein charmanter Dauerblüher, der sich gern versamt. Am Fuß des Wandbrunnens wächst der Bayerische Gewürz-Salbei (*Salvia officinalis* 'Mittenwald'), eine besonders robuste, langlebige Sorte, die uns lange mit Blüten verwöhnt. Entlang des Weges stehen je drei Eiben-Kegel, dazwischen bezaubern die zartrosa Blüten der Bodendeckerrose 'Tapis volant'. Sie blüht viele Monate und schmückt sich danach mit hübschen Hagebutten. Eine niedrige Hecke mit duftendem, rosa blühendem Lavendel (*Lavandula × intermedia* 'Fragrant Memories') fasst die Beete ordentlich ein. Dazwischen sorgen zusätzlich kompakte Rosmarinsträucher (*Rosmarinus officinalis* 'Weihenstephan') für Struktur. Diese Sorte blüht hellblau und ist bis etwa −15 °C winterhart, sollte aber dennoch geschützt stehen. Im Hintergrund überzeugt das Silberährengras (*Stipa calamagrostis* 'Allgäu') durch seine Struktur und seine silbrigen, galant überhängenden Blütenstände. Das Gras ist in Südeuropa heimisch und gedeiht, wie alle anderen Akteure in diesem Beet, auf mäßig fruchtbaren, durchlässigen Böden in der Sonne.

Mit einem Band von Riesen-Lauch (*Allium giganteum*) links und rechts lässt sich der Frühling einläuten. Schön wäre auch eine Kombination von Riesen-Lauch und der späten Tulpe 'Violet Beauty'. In kühleren Gegenden empfiehlt sich eine Frühlingspflanzung.

Die Eiben-Kegel werden einmal pro Jahr im Sommer oder Frühherbst geschnitten, der Lavendel nach der Blüte. Die Rosen schneidet man im Spätwinter kräftig zurück und versorgt sie mit einer Schicht Kompost.

Oben Rosa 'Tapis Volant' und unten Eibenkegel (*Taxus baccata*).

# PFLANZPLAN 2: MODERNES GRÄSERBEET

Maßstab 1:50

**1** *Cortaderia selloana* 'Sunningdale Silver' (1x)
**2** *Elaeagnus × ebbingei* (2x)
**3** *Miscanthus sinensis* 'Graziella' (1x)
**4** *Panicum virgatum* 'Shenandoah' (12x)
**5** *Verbena bonariensis* (9x)
**6** *Sedum* 'Joyce Henderson' (12x)
**7** *Pennisetum alopecuroides* 'Moudry' (9x)

In dieser Bepflanzung sorgt die Wintergrüne Ölweide (*Elaeagnus × ebbingei*) als kugelig geschnittener Strauch für Struktur. Ihre unscheinbaren, weißen Blüten öffnen sich im Spätsommer und verbreiten einen köstlichen Duft, der Bienen & Co. anzieht.

Ebenfalls strukturstark sind das Pampas-Gras (*Cortaderia selloana* 'Sunningdale Silver') und das Chinaschilf (*Miscanthus sinensis* 'Graziella'). 'Sunningdale Silver' lässt sich in kleinen Gärten durch die kleinere Sorte 'Pumila' ersetzen. 'Graziella' zieht im Herbst alle Register, wenn sich das Laub kupferrot und orange färbt. Ein wunderschönes Gras, das den ganzen Winter über fasziniert. Für Farbtupfer sorgen das Patagonische Eisenkraut (*Verbena bonariensis*) und Hohe Fetthenne (*Sedum* 'Joyce Henderson'). Das Eisenkraut ist eine derart dankbare, dauerblühende Pflanze und stets voller Schmetterlinge, Taubenschwänzchen und Bienen, dass sie auch in kühleren Regionen, wo sie nicht als Staude überdauert, ein Muss ist. Sät man sie im Frühling aus, so mausert sie sich im Nu zum Star. Um die Selbstaussaat zu fördern, sollte man immer ein paar freie Fleckchen sichern. Die Rutenhirse (*Panicum virgatum* 'Shenandoah') wird etwa 1,2 m hoch und verfärbt sich ab September dunkelrot.

Diese Pflanzen entwickeln sich am besten in mäßig fruchtbarem, durchlässigem Boden in voller Sonne. Die Standfestigkeit der Gräser lässt bei Halbschatten und fruchtbarem Substrat nach. Die Ölweide bringt man im Frühling in Form. Beim Pampas-Gras werden im zeitigen Frühjahr alte Blüten und totes Laub entfernt. Die übrigen Gräser und Stauden werden zu diesem Zeitpunkt bodennah zurückgeschnitten.

Oben Patagonisches Eisenkraut (*Verbena bonariensis*) und unten Chinaschilf (*Miscanthus sinensis* 'Graziella').

# PFLANZPLAN 3: ZARTE BLÜTEN UND FEURIGES LAUB

Maßstab 1:50

**1** *Liquidamber styraciflua* 'Slender Silhouette' (1x)
**2** *Miscanthus sinensis* 'Morning Light' (3x)
**3** *Crambe cordifolia* (1x)
**4** *Pennisetum alopecuroides* 'Cassian' (7x)
**5** *Euonymus alatus* 'Compactus' (1x)
**6** *Bergenia* 'Bressingham White' (24x)
**7** *Verbascum chaixii* fo. *album* (6x)

Diese Gestaltung bietet sich für kleine Gärten oder einen sonnigen Vorgarten an, da diese Sorte des Amberbaums (*Liquidamber styraciflua* 'Slender Silhouette') ihrem Namen alle Ehren macht, da sie schlank und niedrig bleibt (Höhe: 5–8 m/Breite: bis 1,5 m). Amberbäume gehören zu den schönsten Laubgehölzen und zeichnen sich durch attraktive korkartige Rinde und leuchtende Herbstfärbung aus. Das Laub haftet sehr lang an den Zweigen, und einmal eingewachsen, steckt der Baum Trockenheit problemlos weg.

Das panaschierte Chinaschilf (*Miscanthus sinensis* 'Morning Light') ist zweifelsohne eines der besten. Das Laub ist grazil, standfest und hängt malerisch über. Im Herbst bezaubert es mit einer reichen Blüte. Der Herzblättrige Meerkohl (*Crambe cordifolia*) sorgt ab Mai mit weißen, duftenden Blütenwolken für Leichtigkeit und Kontrast.

Elegantes Weiß findet sich auch bei Bergenie (*Bergenia* 'Bressingham White') und Chaix-Königskerze (*Verbascum chaixii* fo. *album*). Letztere bildet dichte Blütenkerzen, deren Samenstände sehr zierend sind. Die Bergenie ist ein immergrüner, adretter Bodendecker. Der Flügel-Spindelstrauch (*Euonymus alatus* 'Compactus') leuchtet im Herbst mit dem Amberbaum um die Wette. Wie der Name sagt, ist auch diese Sorte kleinwüchsig. Die Pflege beschränkt sich auf das Entfernen von Verblühtem und einen Rückschnitt der Gräser im Spätwinter oder zeitigen Frühjahr.

Die elegante, rosa-weiße Damen-Tulpe (*Tulipa clusiana*) würde sich perfekt in dieses Beet einfügen und bestens mit den übrigen Blüten harmonieren.

Oben zarte Blütenschleier des Herzblättrigen Meerkohls (*Crambe cordifolia*) und unten das Laub des Amberbaums (*Liqidamber styraciflua*).

# PFLANZPLAN 4: SOMMERLICHER BLÜTENTANZ

Maßstab 1:50

**1** *Amelanchier* 'Ballerina' (1x)
**2** *Stipa gigantea* (2x)
**3** *Calamagrostis × acutiflora* 'Karl Foerster' (9x)
**4** *Eryngium × tripartitum* (10x)
**5** *Nepeta racemosa* 'Superba' (20x)
**6** *Verbascum* 'Cotswold Beauty' (9x)
**7** *Iris* 'Reflets Safran' (9x)

Die Felsenbirne (*Amelanchier* 'Ballerina') ist ein echter Star im Garten: Angefangen von ihrer reichen Blüte im Frühling über ihre köstlichen Beeren, bei deren Ernte uns die Amseln meist zuvorkommen, bis zur brillanten Herbstfärbung lässt sie keine Wünsche offen. Robust und anspruchslos ist sie zudem – eigentlich sollte jeder Garten eine haben!

Am besten eignet sich hier ein mehrstämmiges Exemplar, bei dem die unteren Zweige entfernt wurden. Die höhere Krone gestattet Durchblicke und das Unterpflanzen.

Das Riesen-Federgras (*Stipa gigantea*) bringt gemeinsam mit dem Reitgras (*Calamagrostis* × *acutiflora* 'Karl Foerster') Bewegung ins Beet. Die Blüte von beiden ist ein Highlight, das wir lange auskosten dürfen. Das Zusammenspiel von orangefarbenen und blauen Blüten ist besonders reizvoll. Beide Farben liegen sich auf dem Farbrad gegenüber. Es handelt sich so um Komplementärfarben, die ihre Wirkung nie verfehlen.

Königskerze (*Verbascum* 'Cotswold Beauty') und Iris (*Iris* 'Reflets Safran') öffnen orangefarbene Blüten an aufrechten Trieben. Die Edeldistel (*Eryngium* × *tripartitum*) bildet skurril anmutende, stark verzweigte Triebe mit zahlreichen leuchtendblauen Blütenköpfchen, die bei Insekten heiß begehrt sind. Sie sind bis in den Winter hinein mit Frost und Schnee ein Hingucker. Ein ebensolcher Insektenmagnet ist die Traubige Katzenminze (*Nepeta racemosa* 'Superba'). Diese Sorte ist mit Rückschnitt im Sommer dauerblühend und kompakt.

Sternkugel-Lauch (*Allium christophii*) ist hier eine gute Wahl und sorgt für ein frühes Blütenfeuerwerk. Ein pflegeleichtes Beet, bei dem nur Verblühtes ausgeputzt wird. Das Reitgras wird im Spätwinter bodennah abgeschnitten. Ideal sind ein sonniger Standort und leichter bis mittelschwerer Boden.

Oben die leckeren Früchte der Felsenbirne (*Amelanchier* 'Ballerina') und unten das elegante Riesen-Federgras (*Stipa gigantea*).

# PFLANZPLAN 5: SPANNENDE KONTRASTE IN GRAU UND ROT

Maßstab 1:50

**1** *Cotinus coggygria* 'Royal Purple' (1x)
**2** *Rosa moyesii* 'Geranium' (1x)
**3** *Helictotrichon sempervirens* 'Saphirsprudel' (3x)
**4** *Euphorbia characias* (3x)
**5** *Eschscholzia californica* rot
**6** *Aquilegia* 'Ruby Port' (9x)
**7** *Sedum telephium* subsp. *maximum* 'Atropurpureum' (18x)
**8** *Festuca glauca* 'Blaufuchs' (27x)
**9** *Euphorbia myrsinites* (10x)

Die purpurfarbene Hohe Fetthenne (*Sedum telephium* subsp. *maximum* 'Atropurpureum').

In diesem Beet finden sich Variationen von Rot und Grau in Laub und Blüten. Grau wirkt elegant und zurückhaltend. Es bringt andere Farbtöne zum Leuchten. Rot ist genau das Gegenteil: lebendig, feurig und voller Energie. Vor dem grauen Laub kommt das Rot schön zur Geltung. Es wirkt gezähmter, weniger ordinär. Der rotlaubige Perückenstrauch (*Cotinus coggygria* 'Royal Purple'), ein wahrer Trockenkünstler, lässt sich – je nach Wuchsfreude – jedes Jahr oder alle paar Jahre kräftig zurückschneiden und produziert danach eindrücklichere, größere Blätter. Im Sommer bilden sich rote Blüten, die an Zuckerwatte erinnern, und im Herbst verabschiedet er sich mit einem feurigen Finale.

Die Mandarin-Rose (*Rosa moyesii* 'Geranium') ist eine der schönsten Strauchrosen. Im Frühsommer öffnen sich zahlreiche geranienrote, einfache Blüten, aus denen sich später flaschenförmige, ebenfalls geranienrote Hagebutten entwickeln. Die Palisaden-Wolfsmilch (*Euphorbia characias*) sieht durch ihren architektonischen Habitus ganzjährig gut aus. Nicht zu verachten sind ihre limettengrünen, spritzigen Blütenstände im Frühling. Blau-Schwingel (*Festuca glauca* 'Blaufuchs') und Blaustrahl-Wiesenhafer (*Helictotrichon sempervirens* 'Saphirsprudel') ziehen sich bandartig durchs Beet und sorgen mit ihrem filigranen Laub für Leichtigkeit und Bewegung. Das walzenförmige, exotisch wirkende Blattwerk der Walzen-Wolfsmilch bietet einen reizenden Kontrast.

Rote Blüten von Akelei (*Aquilegia* 'Ruby Port') und Kalifornischem Kappenmohn (*Eschscholzia californica*) frischen die Bepflanzung im Frühling und Sommer auf. Gegen Ende der Saison hat die Hohe Fetthenne (*Sedum telephium* subsp. *maximum* 'Atropurpureum') mit purpurviolettem Laub und Blüten ihren Auftritt.

Ein schönes Beet für mäßig fruchtbare Böden in der Sonne. Die verwendeten Stauden, Gräser und der Mohn sind von Natur her dynamisch, sodass man auf die Entwicklung der Bepflanzung gespannt sein darf. Die Pflege beschränkt sich auf das Entfernen abgeblühter Triebe. Die Mandarin-Rose wird erst im Spätwinter leicht zurückgeschnitten, damit man sich lange an den Hagebutten erfreuen kann. Dafür die Haupttriebe leicht und die Seitentriebe um die Hälfte einkürzen. Rose und Perückenstrauch sind im Frühling dankbar für eine Mulchschicht aus Kompost.

# PFLANZPLAN 6: LICHTERSPIEL

Maßstab 1:50

**1** *Cornus alba* 'Aurea' (1x)

**2** *Deschampsia cespitosa* 'Goldtau' (3x)

**3** *Rosa rugosa* 'Hansa' (1x)

**4** *Bergenia* 'Morgenröte' (16x)

**5** *Symphyotrichum ericoides* subsp. *prostratum* 'Snow Flurry' (16x)

**6** *Berberis thunbergii* 'Bagatelle' (6x)

**7** *Geranium sanguineum* 'Ankum's Pride' (17x)

*Deschampsia cespitosa* 'Goldtau'.

Dieses Beet lässt sich an einem halbschattigen oder sonnigen Standort umsetzen.

Der Tatarische Hartriegel (*Cornus alba* 'Aurea') hat rote Triebe und goldfarbenes Laub, welches im Herbst charmant errötet. Die gesunde Kartoffel-Rose (*Rosa rugosa* 'Hansa') bildet den Sommer über purpurne Blüten mit berauschendem Duft, die von hübschen, roten Hagebutten abgelöst werden. Insektenmagnet! Die Rasen-Schmiele (*Deschampsia cespitosa* 'Goldtau') ist ein eindrückliches Gras, welches sich im Sommer in eine goldene Blütenwolke verwandelt. Diese Sorte hat den Vorteil, dass sie sich nicht so versamt. Ihre Schönheit lässt sich schwer in Worte fassen, aber ihr Anblick lässt keinen kalt. Thunbergs Berberitze (*Berberis thunbergii* 'Bagatelle') wächst schön kugelig, ihr dunkelrotes Laub ist äußerst zierend. Berberitzen leiden wie *Cotoneaster* unter einem mir unverständlichen schlechten Ruf, sind sie doch so problemlos und eine echte Bereicherung. Da diese Zwergform keinen Schnitt erfordert, sollten die Stacheln kein Problem darstellen. Haben Sie eine Aversion gegen Stacheliges und leben in einer milden Gegend, ist Schmalblättrige Klebsame (*Pittosporum tenuifolium* 'Tom Thumb') eine hübsche Alternative.

Die Bergenie (*Bergenia* 'Morgenröte') blüht im Frühling purpurrosa, in kühlen Sommern gibt es eine Nachblüte. Ihre fleischigen Blätter kontrastieren reizvoll mit dem übrigen Laub. Die Teppich-Myrten-Aster (*Symphyotrichum ericoides* subsp. *prostratum* 'Snow Flurry') breitet ihre verzweigten Triebe fächerartig aus und ist ein prächtiger Bodendecker. Ab Ende August verweben sich ihre zierlichen, weißen Blüten zu einem schönen Teppich und lösen jene des Blutroten Strochschnabels (*Geranium sanguineum* 'Ankum's Pride') ab.

Pflege: Bei der Bergenie entfernt man Verblühtes, Storchschnabel und Aster werden im Spätwinter oder zeitigen Frühjahr zurückgeschnitten, wenn man auch die Rasen-Schmiele ausputzt. Der Hartriegel bildet seine farbkräftigen Triebe nur nach einem starken Rückschnitt. Ist er einmal eingewachsen schneidet man – abhängig von der Wuchskraft – im zeitigen Frühjahr entweder alle oder einen Teil der Zweige auf drei Knospen zurück.

Zur Förderung der Wuchs- und Blühfreude sollten sowohl er wie auch die Rose alljährlich mit gut verrottetem Mist oder Kompost gemulcht werden.

# Pflanzen-porträts

Pflanzen müssen nicht aus trockenen Regionen stammen, um Durststrecken durchzustehen. Auf den folgenden Seiten wird nur eine sehr kleine Auswahl gezeigt, die in vielen Regionen gedeiht und wenige Ansprüche stellt. Die beschriebenen Charaktereigenschaften beziehen sich auf durchschnittliche Verhältnisse und können je nach Lage variieren. Nochmals möchte ich betonen, wie wichtig es ist, zu experimentieren und das Potenzial des eigenen Grundstücks zu erforschen. Das Ergebnis dürfte Sie überraschen.

*Abelia grandiflora*
## Großblütige Abelie

**H** 3 m | **B** 4 m | **BLÜTEZEIT** 6–10

**AUSSEHEN:** Ausladender, immergrüner Strauch mit malerisch überhängenden Zweigen und ovalen, dunkelgrünen Blättern. Vom Sommer bis in den Herbst bilden sich duftende, rosa bis weiße, von Insekten begehrte Blüten in achselständigen Cymen und endständigen Rispen. Die Großblütige Abelie ist wüchsig und robust. Im Herbst errötet das Laub auf charmante Art.
**STANDORT:** Abelien schätzen vom Wind geschützte Lagen und wachsen in jedem durchlässigen, halbwegs fruchtbaren Boden in voller Sonne oder Halbschatten.
**PFLEGE:** Nach der Blüte werden die Triebe leicht eingekürzt, um einen dichten Wuchs zu fördern.
**VERMEHREN:** Über Grünstecklinge im Sommer bzw. halbverholzte Stecklinge im Spätsommer.
**GUTE PARTNER:** Gräser wie Blauschwingel (*Festuca*) oder Federgras (*Nasella tenuissima*), Zwergige Garten-Silber-Raute (*Artemisia schmidtiana* 'Nana'), Bergenien (*Bergenia*)
**TIPP:** Empfehlenswert ist auch die kompaktere, laubabwerfende China-Abelie (*Abelia chinensis*).

*Berberis thunbergii* 'Admiration'
## Thunbergs Berberitze

**H** 50 cm | **B** 50 cm | **BLÜTEZEIT** 5

**AUSSEHEN:** Bewunderung verdienen eigentlich alle Berberitzen, da sie so unkompliziert und wüchsig sind. Wegen ihrer Stacheln sind sie – zu Unrecht! – wenig beliebt, denn die haben Rosen ja auch. Diese laubabwerfende Sorte wächst rundlich und dicht mit verkehrt eiförmigen, kleinen, orangeroten Blättchen, die sich im Herbst leuchtend orange färben. Doldenartige Blütentrauben erscheinen im Frühling und mausern sich bis zum Spätsommer zu roten Früchten, an denen sich Vögel gern laben.
**STANDORT:** Jeder gut durchlässige Boden in Sonne oder Halbschatten.
**PFLEGE:** Abgeblühte Triebe auf kräftige Knospen zurückschneiden. An älteren Pflanzen kann man ein Viertel der alten Triebe kappen, um einen Neuaustrieb anzuregen.
**VERMEHREN:** Grünstecklinge oder halbverholzte Stecklinge im Sommer bewurzeln.
**GUTE PARTNER:** *Euphorbia myrsinites, Stachys byzantina* 'Big Ears', *Spiraea japonica, Symphyotrichum ericoides* fo. *prostratus* 'Snow Flurry'.
**TIPP:** Die Sorte 'Aurea' hat leuchtendgelbes Laub.

*Caryopteris × clandonensis* 'White Surprise'
## Clandon-Bartblume

**H** 1 m | **B** 1,5 m | **BLÜTEZEIT** 7-9

**AUSSEHEN:** Diese Sorte bringt mit ihrem cremefarbig panaschierten Laub jedes Beet zum Leuchten! Bartblumen wachsen an trockenen, heißen Hängen im Himalaja und in den Bergen Ost-Asiens. Die polsterförmigen, frostharten Sträucher haben graugrüne, gegenständige, leicht gezähnte Blätter und fügen sich bestens in eine mediterran anmutende Bepflanzung. Ab dem Spätsommer öffnen sich zur Freude der Insekten blaue, aromatische Blüten in achselständigen Cymen.
**STANDORT:** Leichte, mäßig fruchtbare Erde in voller Sonne. In Gegenden mit kalten Wintern bevorzugt die Bartblume eine schützende Mauer.
**PFLEGE:** Bartblumen blühen an diesjährigen Trieben und werden deshalb im zeitigen Frühjahr bis auf die Basis zurückgeschnitten.
**VERMEHREN:** Über Grünstecklinge im späten Frühjahr.
**GUTE PARTNER:** *Asclepias tuberosa, Nepeta,* orangefarbene oder gelbe *Hemerocallis*-Sorten wie 'Golden Chimes', 'Lady Fingers', *H. fulva* 'Flore Pleno', *Panicum virgatum* 'Shenandoah'.

*Cercis chinensis* 'Avondale'
## Chinesischer Judasbaum

**H** 2,5–4 m | **B** 1,5–2,5 m | **BLÜTEZEIT** 4–5

**AUSSEHEN:** Im Gegensatz zum Gewöhnlichen Judasbaum bleibt diese langsam wachsende Sorte kompakt und ist somit perfekt für kleinere Gärten. Der vasenförmige Strauch bildet purpurrosafarbene Blütenbüschel entlang der Zweige, die sich vor dem Blattaustrieb öffnen. Ein Anblick, der an exotische Schmetterlinge erinnert. Das Laub ist dekorativ, rundlich, erst zartgrün, später sattgrün und ledrig. Im Herbst verfärbt es sich goldgelb.
**STANDORT:** Jeder durchlässige, einigermaßen fruchtbare Boden in voller Sonne oder lichtem Schatten. Judasbäume mögen Lehmboden. Das Umpflanzen vertragen sie nicht, deshalb vor der Platzwahl gut überlegen.
**PFLEGE:** Überkreuzende, schiefe Zweige im zeitigen Frühjahr entfernen.
**VERMEHREN:** Halbverholzte Stecklinge im Sommer bewurzeln.
**GUTE PARTNER:** Durch meinen Judasbaum rankt sich im Sommer *Clematis texensis* 'Etoile rose'. Schön sind auch andere, nicht zu wüchsige Staudenclematis wie Sorten von *C. integrifolia* und Gräser wie *Eragrostis curvula, Koeleria glauca.*

*Choisya ternata*
## Orangenblume

**H** 2,5 m | **B** 2,5 m | **BLÜTEZEIT** 5/6 und 8–10

**AUSSEHEN:** Der aus Mexiko stammende Zierstrauch ist eines der dankbarsten, anspruchslosesten Geschöpfe, das ich kenne. Er wächst rundlich und kompakt, sein immergrünes Laub ist stets ein Hingucker und kommt problemlos durch Hitze- und Trockenperioden. Im Spätfrühjahr und erneut im Spätsommer und Herbst kann man sich an seinen duftenden, weißen Schirmrispen erfreuen. Die Sorte 'Sundance' hat leuchtend gelbes Laub und ist weniger blühfreudig.
**STANDORT:** Fruchtbare, gut durchlässige Erde in voller Sonne.
**PFLEGE:** Nach der Blüte leicht einkürzen, um eine gute Form zu erhalten.
**VERMEHREN:** Im Sommer halbverholzte Stecklinge bewurzeln.
**GUTE PARTNER:** *Ceanothus* 'Concha', *Rosa* 'Frühlingsmorgen', *Camassia cusickii, Clematis alpina* 'Pink Flamingo'.
**TIPP:** 'Aztec Pearl' und 'White Dazzler' zeichnen sich durch ihre linealen Blätter aus und wirken etwas zierlicher. In kühleren Gegenden und auch sonst lassen sich Orangenblumen gut an einer Wand ziehen.

*Cistus × pupureus*
## Purpur-Zistrose

**H** 1 m | **B** 1 m | **BLÜTEZEIT** 6–8

**AUSSEHEN:** Hübscher, rundlicher Strauch mit immergrünen, länglich-lanzettlichen Blättern und klebrigen, rötlichen Trieben. Den Sommer über blüht er an endständigen Cymen. Die pinkfarbenen Blüten wirken auf charmante Art verknittert. Kastanienbraune Flecken an der Kronblattbasis sind das i-Tüpfelchen.
**STANDORT:** Zistrosen wachsen an trockenen, steinigen Orten Südeuropas und bevorzugen daher arme Böden und geschützte Stellen in voller Sonne. Nur für mildere Gegenden geeignet.
**PFLEGE:** Nach der Blüte trimmt man die Zweige leicht zurück, um einen buschigen Wuchs zu fördern. Achtung: Zistrosen vertragen keinen starken Rückschnitt!
**VERMEHREN:** Über Grünstecklinge im Sommer.
**GUTE PARTNER:** *Phlomis fruticosa, Eryngium × zabelii* 'Violetta', *Stachys byzantina, Festuca glauca, Helichrysum italicum, Centranthus ruber, Eryngium bourgatii.*

*Colutea arborescens*
## Gewöhnlicher Blasenstrauch

**H** 3 m | **B** 3 m | **BLÜTEZEIT** 5–6

**AUSSEHEN:** Der aus Südeuropa stammende, laubabwerfende Strauch ist wüchsig, anspruchslos und zeichnet sich durch seine attraktiven, gefiederten, blassgrünen Blätter aus. Im Sommer schmückt er sich über Monate mit gelben Blütentrauben, die zu bizarr anmutenden, grünen, durchscheinenden Hülsenfrüchten heranreifen. Jede Einzelblüte hat eine feine rote Zeichnung, als habe ein Künstler sie mit zartem Pinsel verziert.
**STANDORT:** Trockene, mäßig fruchtbare Böden in voller Sonne oder Halbschatten.
**PFLEGE:** Soll der Blasenstrauch nicht zu groß werden, schneidet man ihn im zeitigen Frühjahr stark zurück. Ansonsten werden nur schiefe Zweige entfernt.
**VERMEHREN:** Über Samen im Frühling oder Herbst im Kalten Kasten oder Stecklinge mit noch grünem Holz im Frühsommer.
**GUTE PARTNER:** *Lonicera tatarica, Coronilla valentina, Allium sphaerocephalon, Achillea filipendulina* 'Hella Glashoff' und *Erica carnea.*

*Cornus alba* 'Aurea'
## Tatarischer Hartriegel

**H** 3 m | **B** 3 m | **BLÜTEZEIT** 5–6

**AUSSEHEN:** Der aus Sibirien stammende, laubabwerfende Strauch ist zäh, anpassungsfähig und eine der besten Sorten für sommertrockene Böden.
Er ist wüchsig, trägt hellrote Wintertriebe, eiförmig-elliptisch, bis 10 cm lange, goldgelbe Blätter sowie im Spätfrühjahr und Frühsommer weiße Blüten in flachen Cymen. Im Herbst färbt sich das gelbe Laub orange und rot und bildet einen reizvollen Kontrast zu den Trieben, die ganzjährig bezaubernd sind.
**STANDORT:** Jeder durchlässige, einigermaßen fruchtbare Boden in Sonne oder Halbschatten. Sonnige Standorte begünstigen die Färbung der Wintertriebe.
**PFLEGE:** Im zeitigen Frühjahr schneidet man die Triebe auf 2–3 Knospen über der Basis zurück. Eine Mulchschicht verringert die Verdunstung und fördert den Austrieb.
**VERMEHREN:** Im Herbst Steckreiser schneiden.
**GUTE PARTNER:** *Rubus thibetanus, Helleborus foetidus, Erica carnea, Alchemilla mollis, Miscanthus sinensis* 'Goldfeder'.

*Cotinus coggygria* 'Golden Spirit'
## Perückenstrauch

**H** 2,5 m | **B** 2,5 m | **BLÜTEZEIT** 6–8

**AUSSEHEN:** Wir alle kennen die rotlaubigen Sorten des Perückenstrauchs wie 'Flame' und 'Grace', aber 'Golden Spirit' ist kompakter, kleiner und hat ovales, frisches grüngelbes Laub, welches sich im Herbst von Orangerot zu Magenta verfärbt. Die Blüten sind für sich unscheinbar, stehen jedoch in plüschigen Rispen von den Zweigen, die Perücken ähneln, oder besser elektrisierter Haarpracht! In Gruppen gepflanzt sind sie ein besonderer Blickfang.
**STANDORT:** Mäßig fruchtbare, durchlässige Erde in voller Sonne oder Halbschatten. Purpurne Sorten in voller Sonne.
**PFLEGE:** Große Blätter erzielt man durch einen Rückschnitt auf 2–3 Knospen über der Basis im zeitigen Frühjahr, ansonsten empfiehlt sich ein leichter Rückschnitt und das Entfernen von schiefen Zweigen.
**VERMEHREN:** Über Absenker im Frühling oder Grünstecklinge im Sommer.
**GUTE PARTNER:** *Brunnera macrophylla, Knautia macedonica, Geranium* 'Tiny Monster', *Lysimachia ciliata* 'Firecracker', *Sisyrinchium striatum.*

*Euonymus alatus*

## Flügel-Spindelstrauch

**H** 2 m | **B** 3 m | **BLÜTEZEIT** 5–6

**AUSSEHEN:** Diese Art des Spindelstrauchs stammt aus Japan und China, er wächst dicht und buschig. Die eiförmig-elliptischen, dunkelgrünen Blätter verfärben sich im Herbst leuchtend rot. Die Blüte ist zwar unscheinbar, aber die kugeligen, rotpurpurnen Früchte sind umso schöner und kommen nach dem Blattfall gut zu Geltung. Besonders attraktiv sind die vierkantigen Triebe mit ihren breiten, korkartigen Flügeln.

**STANDORT:** Gut dränierte Erde in voller Sonne oder Halbschatten.

**PFLEGE:** Im zeitigen Frühjahr schiefe Zweige entfernen.

**VERMEHREN:** Samen können bei Reife im Kalten Kasten in Töpfe gesät werden. Stecklinge mit noch grünem Holz im Sommer nehmen.

**GUTE PARTNER:** *Miscanthus sinensis* 'Gracillimus', *Rhus typhina, Berberis, Cotinus coggygria* 'Grace', *Deschampsia cespitosa, Ceratostigma plumbaginoides.*

**TIPP:** Etwas für Liebhaber ist der zierliche *Euonymus nanus* var. *turkestanicus* mit rosmarinähnlichem Laub, empfehlenswert sind *E. a.* 'Compactus' und *E. europaeus* 'Red Cascade'.

*Dorycnium hirsutum*

## Behaarter (Zottiger) Backenklee

**H** 20–50 cm | **B** 20–50 cm | **BLÜTEZEIT** 5–6

**AUSSEHEN:** Attraktiver, halbimmergrüner oder immergrüner Zwergstrauch aus Südeuropa mit behaarten, grauen Blättern und Stängeln, die im Sonnenlicht silbrig leuchten. Die weißen, manchmal rosa überhauchten Schmetterlingsblüten sind kreisförmig angeordnet und wirken in Verbindung mit dem grauen Laub sehr elegant. Nach der Blüte bilden sich kecke, rötliche Hülsenfrüchte, ihrerseits so attraktiv wie die Blüten!

**STANDORT:** Trockene, magere Böden in voller Sonne.

**PFLEGE:** Mitte/Ende Frühjahr Sprosse leicht trimmen.

**VERMEHREN:** Über halbverholzte Stecklinge im Spätsommer. Im Frühjahr Samen 24 Stunden in warmem Wasser einweichen und bei 15 °C aussäen.

**GUTE PARTNER:** *Euphorbia characias, Coronilla glauca* 'Citrina', *Convolvulus cneorum, Delosperma cooperi, Cistus × pulverulentus.*

**TIPP:** Perfekt für den Kiesgarten, wo er seine kurze Lebenserwartung mit großzügiger Selbstaussaat wettmacht. Frosthart bis –10 °C, Dränage ist wie bei allen Mittelmeergewächsen lebenswichtig!

*Elaeagnus angustifolia* 'Quicksilver'

## Schmalblättrige Ölweide

**H** 3–4 m | **B** 3–4 m | **BLÜTEZEIT** 5–6

**AUSSEHEN:** Laubabwerfender, schnellwüchsiger, pyramidenförmiger Strauch mit silbrigen Trieben und lanzettlichen, stark silbrig geschuppten, bis zu 5 cm langen Blättern. Cremegelbe, duftende Blüten öffnen sich im Sommer aus silbernen Knospen. Dekorative Beeren folgen im Herbst. Geeigneter Kandidat für eine mediterran anmutende Gestaltung.

**STANDORT:** Gut durchlässige Böden in voller Sonne oder Halbschatten.

**PFLEGE:** Im zeitigen Frühjahr schiefe Zweige entfernen, um eine gesunde Form zu erhalten. Möglich ist auch ein Kappen der abgeblühten Sprosse.

**VERMEHREN:** Bewurzelte Schösslinge im Herbst entfernen.

**GUTE PARTNER:** *Ipomoea tricolor* 'Heavenly Blue', *Euphorbia rigida, Allium christophii, Iris* 'Bristol Gem', *Othonna cheirifolia, Alyssum saxatile* 'Compactum Goldkugel'.

**TIPP:** Treibt auch nach einem starken Rückschnitt willig wieder aus. Schösslingsbildender Strauch. *Elaeagnus × ebbingei* ist eine immergrüne Alternative mit denselben Qualitäten. Insektenmagnete!

*Euphorbia characias*

## Palisaden-Wolfsmilch

**H** 1,2 m | **B** 1,2 m | **BLÜTEZEIT** 4-6

**AUSSEHEN:** Dieser immergrüne, aufrechte Strauch aus dem Mittelmeerraum ist ein vorbildlicher Trockenkünstler. An purpurgetönten Sprossen stehen lineale bis eiförmig verkehrte, bis 13 cm lange Blätter. Vom zeitigen Frühling bis zum Frühsommer bilden sich limettengrüne Cyathien und Nektardrüsen in dichten, endständigen Cymen.
**STANDORT:** Wasserdurchlässiger, leichter Boden in voller Sonne.
**PFLEGE:** Wenn die Blütenstände im Sommer unansehnlich werden, sollten sie bodennah entfernt werden. Achtung: Aufgrund des irritierenden Milchsaftes Handschuhe tragen!
**VERMEHREN:** Über Kopfstecklinge im Frühling oder Frühsommer. Typisch bei Samenreife ist das laute Knallen an heißen Tagen, wenn die Samen herausgeschleudert werden. Der Strauch versamt sich gern, wird aber nie lästig und lässt sich leicht entfernen.
**GUTE PARTNER:** *Physocarpus opulifolius* 'Diabolo', *Salvia officinalis* 'Purpurascens', *Cistus*, *Eryngium planum*.
Weitere empfehlenswerte Trockenkünstler: *Euphorbia myrsinites*, *E. dulcis*, *E. rigida*.

*Ginkgo biloba* 'Saratoga'

## Fächertanne, Ginkgo

**H** 10 m | **B** 6 m | **BLÜTEZEIT** 5–6

**AUSSEHEN:** Langsam wachsender, männlicher Baum mit gefurchter, grauer Rinde und flachen, fächerförmigen Blättern, bis zu 12 cm im Durchmesser, die sich zu den Blattstielen hin verjüngen und an den Spitzen gelappt sind. Im Herbst färbt sich das Laub leuchtend gelb und bietet einen einzigartigen Anblick. Die außergewöhnlichen Blätter liegen dann wie eine gefallene Schleppe und rufen nach einem Gedicht! Goethe kam dieser Aufforderung schon nach!
**STANDORT:** Jede gut wasserdurchlässige Erde in voller Sonne.
**PFLEGE:** Wenn nötig entfernt man im zeitigen Frühjahr schiefe, überkreuzende Zweige.
**VERMEHREN:** Im Sommer über halbverholzte Stecklinge oder im Winter pfropfen.
**GUTE PARTNER:** *Rosa sericea* subsp. *omeiensis* fo. *pteracantha*, *Caryopteris incana*, *Bupleurum fruticosum*, *Achillea coarctata*, *Hesperaloe parviflora*.
**TIPP:** Die Sorte 'Mariken', eine Zwergform, eignet sich für sehr kleine Gärten.

*Helichrysum orientale*

## Strohblume

**H** 30 cm | **B** 30 cm | **BLÜTEZEIT** 7–8

**AUSSEHEN:** Buschiger, immergrüner Strauch mit weiß behaarten Sprossen, die länglich-spatelförmige, graue Blätter tragen. Ohne Schnitt wirken die Sträucher etwas unaufgeräumt. Im Sommer erscheinen halbkugelige, leuchtendgelbe Blütenköpfchen, die einen aparten Kontrast zum Laub bieten. Manche Gärtner fühlen sich durch die Blüte irritiert und wissen sie durch Schnitt zu verhindern. Gehört man nicht zu jenen, darf man sich im Winter an den Samenständen freuen.
**STANDORT:** Der frostharte Strauch aus dem Mittelmeergebiet steht am liebsten vollsonnig in durchlässiger, armer Erde. Vor zu starker Winternässe und kalten Winden schützen.
**PFLEGE:** Nach der Blüte oder im Frühjahr abgeblühte Triebe bis auf 2,5 cm ins alte Holz zurückschneiden.
**VERMEHREN:** Halbverholzte Stecklinge im Sommer bewurzeln und frostfrei überwintern.
**GUTE PARTNER:** *Artemisia alba* 'Canescens', *Pennisetum villosum*, rotlaubige *Sedum*-Sorten wie 'Jose Aubergine', 'Bertram Anderson', *Coreopsis verticillata* 'Moonbeam'.

*Ilex koehneana* 'Chestnut leaf'

## Stechpalme

**H** 4–8 m | **B** 2,5–4 m | **BLÜTEZEIT** 5–6

**AUSSEHEN:** Eine der schönsten Stechpalmen! Malerischer, leicht überhängender, immergrüner Strauch mit gezähnten, bis 15 cm langen, ledrigen Blättern, die an Ess-Kastanien erinnern. Unscheinbare Blüten im Frühling entwickeln sich zu dekorativen, roten Beeren, die den Winter über das Auge erfreuen und auch von Amseln & Co. geschätzt werden. Der Neuaustrieb im Frühling ist purpurfarben überhaucht.
**STANDORT:** Gut durchlässige, mäßig fruchtbare, humusreiche Erde in voller Sonne oder Halbschatten.
**PFLEGE:** Im zeitigen Frühjahr schiefe, störende Zweige entfernen und mit Kompost oder Rindenhäcksel mulchen.
**VERMEHREN:** Über halbverholzte Stecklinge im Spätsommer oder Frühherbst.
**GUTE PARTNER:** *Mahonia aquifolium, Forsythia suspensa, Euonymus fortunei* 'Silver Queen', *Miscanthus sinensis* 'Cosmopolitan', *Crocus* 'Snow bunting'.
**TIPP:** Diese Stechpalme ist ein würdiger Hausbaum.

*Indigofera amblyantha*

## Indigostrauch

**H** 2 m | **B** 2 m | **BLÜTEZEIT** 7–10

**AUSSEHEN:** Zierlicher, laubabwerfender Strauch aus China mit gefiederten Blättern und lieblichen, aufrechten Trauben aus rosafarbenen, wickenartigen Blüten. Dekorative Samenschoten haften den Winter über an den Zweigen.
**STANDORT:** Jeder mäßig fruchtbare, durchlässige Boden in Sonne oder Halbschatten.
**PFLEGE:** Wenn man den Strauch an einer Wand zieht, entfernt man im zeitigen Frühjahr entweder nur schief stehende Zweige oder schneidet auf 2–4 Knospen am bleibenden Astwerk zurück. In rauen Lagen kappt man alle Triebe nahe an der Basis.
**VERMEHREN:** Über Samen im Herbst im Kalten Kasten oder halbverholzte Stecklinge im Früh- und Hochsommer. In meinem Garten erübrigt sich das, denn der Strauch versamt sich reichlich, und Jungpflanzen müssen nur ausgegraben werden. Um das zu vermeiden, Verblühtes rechtzeitig entfernen.
**GUTE PARTNER:** *Erigeron karvinskianus, Clematis viticella* 'Etoile violette', *Hebe* 'Midsummer Beauty', *Agapanthus* 'Black Buddhist', *Helianthemum* 'Red Orient'.

*Lespedeza thunbergii* 'Edo Shibori'

## Thunbergs Buschklee

**H** 1,5–2 m | **B** 1,5–2 m | **BLÜTEZEIT** 8–9

**AUSSEHEN:** Laubabwerfender Halbstrauch, der im Gegensatz zur reinen Art aufrechtere Triebe entwickelt. Das Laub ist dreifingrig und besteht aus ovalen, blaugrünen, bis 5 cm langen Fiedern. Ab dem Spätsommer öffnen sich zierliche, wickenähnliche, rosa-weiße Blüten an langen, galant überhängenden Trauben. Die Pflanze ist so unkompliziert, dass es erstaunt, wie selten sie gepflanzt wird!
**STANDORT:** Leichter, wasserdurchlässiger Boden in voller Sonne.
**PFLEGE:** Im zeitigen Frühjahr auf niedrige Äste, in sehr kalten Gegenden wie eine Staude bodennah zurückschneiden.
**VERMEHREN:** Über Grünstecklinge im Frühsommer.
**GUTE PARTNER:** *Sedum* 'Joyce Henderson', *Erigeron karvinskianus, Teucrium hircanicum, Euphorbia cyparissias* 'Fens Ruby', *Sporobolus heterolepis.*
**TIPP:** Wer kräftige Farben bevorzugt, sollte die purpurfarbene Art *Lespedeza thunbergii* wählen, die bezaubernde Samenstände ausbildet. Sie sieht besonders schön aus, wenn sie sich über eine Mauer ergießen darf.

*Phlomis fruticosa*

## Strauchiges Brandkraut

**H** 1 m | **B** 1,5 m | **BLÜTEZEIT** 6–7

**AUSSEHEN:** Halbkugeliger, immergrüner Strauch mit aufrechten Sprossen und eilanzettlichen, bis 10 cm langen, graugrünen Blättern, die unterseits wollig behaart sind. Im Früh- und Hochsommer öffnen sich warmgelbe Blüten, die in Quirlen angeordnet sind. Seine wahre Schönheit offenbart er im Winter, wenn seine Samenstände gleich kunstvollen Skulpturen das Beet zieren.
**STANDORT:** Durchlässige, mäßig fruchtbare Böden in voller Sonne.
**PFLEGE:** Mitte/Ende Frühjahr trimmt man die Sprosse leicht zurück und entfernt die alten Blütenstände.
**VERMEHREN:** Im Frühjahr bei 13–18 °C aussäen oder über Grünstecklinge im Sommer. Mein Strauch versamt sich leicht: Sämlinge lassen sich gut entfernen oder eintopfen.
**GUTE PARTNER:** *Cotinus coggygria* 'Royal Purple', *Geranium* 'Johnson's Blue', *Geranium renardii, Festuca glauca, Artemisia stelleriana* 'Boughton Silver'.
**TIPP:** Sehr hübsch ist auch die rosafarbene Schwester *Phlomis purpurea,* die jedoch nur für wintermilde Gegenden zu empfehlen ist.

*Punica granatum* 'Legrellei'

## Granatapfel

**H** 2–4 m | **B** 2–4 m | **BLÜTEZEIT** 6–9

**AUSSEHEN:** Aufrechter, rundlicher, laubabwerfender Strauch mit gegenständigen, schmal länglichen, bis 8 cm langen Blättern, die im Frühling kupferfarben austreiben. Im Sommer bilden sich über viele Monate gefüllte, orangefarbene Blüten aus ledrigen Knospen, die an Seidentücher erinnern. Diese Sorte bildet keine Früchte! Zauberhafte, goldgelbe Herbstfärbung.
**STANDORT:** Jeder wasserdurchlässige, mäßig fruchtbare Boden in voller Sonne. Gut geeignet für eine sonnige Wand.
**PFLEGE:** Im zeitigen Frühjahr entfernt man störende, schiefe Zweige. Nach der Blüte stutze ich meinen Strauch, um eine kugelige Form zu erhalten.
**VERMEHREN:** Im Sommer halbverholzte Stecklinge bewurzeln.
**GUTE PARTNER:** *Eschscholzia californica* 'Red Chief', *Salvia nemorosa* 'Caradonna', *Rosa* 'Grouse', *Molinia caerulea* 'Variegata', *Leucanthemum vulgare.*
**TIPP:** Wenn das Holz gut ausreifen kann, ist der Strauch problemlos bis mindestens –10 °C frosthart.

*Rosa moyesii* 'Geranium'

## Mandarin-Rose

**H** 2,5 m | **B** 1,5 m | **BLÜTEZEIT** 6

**AUSSEHEN:** Wüchsige, überhängende Strauchrose mit hübschem, fiederartigem Laub. Im Frühsommer erscheinen flache, becherförmige, ungefüllte, rote Blüten mit cremefarbenen Staubfäden, die sich zu prächtigen, geranienroten, flaschenförmigen Hagebutten entwickeln. Ein Insektenmagnet und Star ohne Allüren.
**STANDORT:** Mäßig fruchtbare, humusreiche, durchlässige Böden in Sonne oder Halbschatten.
**PFLEGE:** Im Frühjahr verabreicht man eine Portion Langzeitrosendünger und mulcht im Herbst mit gut verrottetem Mist oder Kompost. Im Spätsommer entfernt man störende, unproduktive Zweige im Zentrum, damit dieses offen und luftig bleibt, sowie totes Holz.
**VERMEHREN:** Im Herbst Hartholzstecklinge bewurzeln oder im Sommer okulieren.
**GUTE PARTNER:** *Clematis × durandii, Lychnis coronaria, Aquilegia vulgaris* var. *stellata* 'Black Barlow', *Linaria purpurea, Phuopsis stylosa, Digitalis purpurea, Galega officinalis* 'His Majesty'.

*Rosmarinus officinalis*
## Rosmarin

**H** 1,5 m | **B** 1,5 m | **BLÜTEZEIT** 4–6

**AUSSEHEN:** Aufrechter, rundlicher, buschiger, immergrüner und aromatisch duftender Strauch aus dem Mittelmeerraum. Die linealen Blätter sind gegenständig angeordnet und rollen sich zur Unterseite hin ein. Von Mitte Frühling bis in den Frühsommer bilden sich purpurblaue, 2-lippige Blüten in den oberen Blattachseln. Oft folgt im Herbst oder in milden Wintern eine Nachblüte.
**STANDORT:** Durchlässiger, armer bis mäßig fruchtbarer Boden in voller Sonne.
**PFLEGE:** Mitte bis Ende Frühjahr die Sprosse leicht trimmen, eventuell welke Blütenstände entfernen.
**VERMEHREN:** Im Sommer halbverholzte Stecklinge bewurzeln.
**GUTE PARTNER:** *Helianthemum, Nepeta, Teucrium, Iris barbata, Nasella tenuissima, Santolina chamaecyparissus, Genista hispanica, Genista lydia.*
**TIPP:** Rosmarin kann Fröste bis –10 °C überstehen, solange er in durchlässigem Boden wächst. Lange Sommer lassen auch hier das Holz besser ausreifen. Empfehlenswerte Sorten: 'Miss Jessopp's Upright', 'Rex', 'Arp', 'Weihenstephan'.

*Viburnum tinus* 'Eve Price'
## Immergrüner Schneeball

**H** bis 3 m | **B** bis 3 m | **BLÜTEZEIT** 11–4

**AUSSEHEN:** Gedrungener, frostharter, immergrüner Strauch aus dem Mittelmeerraum mit schmal eiförmigen bis länglichen, bis 8 cm langen Blättern, der sich über viele Wochen im Winter und Frühjahr hinweg mit rosafarbenen Blüten an flachen, endständigen Cymen schmückt. Die robusten Blüten sehen mit winterlichem Reif aus wie Wachsblumen. Sie reifen im Lauf des Sommers zu blauschwarzen, glänzenden Beeren heran. Der Strauch ist sehr schnittverträglich und eignet sich prima für den Formschnitt.
**STANDORT:** Durchlässiger, mäßig fruchtbarer Boden in Sonne oder Halbschatten.
**PFLEGE:** Im zeitigen Frühjahr entfernt man schiefe Zweige, bei Formschnitt schneidet man nach der Blüte. Der Immergrüne Schneeball verträgt auch einen starken Rückschnitt.
**VERMEHREN:** Im Sommer halbverholzte Stecklinge nehmen.
**GUTE PARTNER:** *Bergenia cordifolia* 'Purpurea', *Narcissus, Sarcococca confusa, Calamagrostis brachytricha, Deschampsia cespitosa, Chionodoxa forbesii* 'Pink Giant'.

*Vitex agnus-castus*
## Mönchspfeffer

**H** 2–8 m | **B** 2–8 m | **BLÜTEZEIT** 7–9

**AUSSEHEN:** Offener, ausladender, laubabwerfender Strauch mit fünf- oder siebenfingrigen Blättern, die aus schmal elliptischen, aromatischen Fiedern bestehen. Den Sommer über öffnen sich duftende, blaue, röhrenförmige Blüten und ziehen allerlei Insekten an. Wunderbar in einer gemischten Rabatte oder mediterranen Pflanzung.
**STANDORT:** Jeder durchlässige Boden in voller Sonne. Vor kalten, austrocknenden Winden schützen.
**PFLEGE:** Im zeitigen Frühjahr auf niedrige Äste zurückschneiden.
**VERMEHREN:** Im Herbst/Frühjahr bei 6–12 °C aussäen oder im Sommer halbverholzte Stecklinge bewurzeln.
**GUTE PARTNER:** *Ruta graveolens* 'Jackman's Blue', *Euphorbia amygdaloides* 'Purpurea', *Festuca glauca* 'Blaufuchs', *Santolina rosmarinifolia, Ipomoea lobata, Globularia vulgare, Oenothera lindheimeri, Euphorbia ceratocarpa.*
**TIPP:** Ich entferne bei meinem Strauch im Spätwinter jeweils nur die verblühten Triebe über einer kräftigen Knospe. Der Schnitt ist dem Klima bzw. den örtlichen Gegebenheiten anzupassen.

*Achillea filipendulina* 'Gold Plate'
## Gold-Garbe

**H** bis 1,2 m | **B** 45 cm | **BLÜTEZEIT** 7–10

**AUSSEHEN:** Büschelbildende, immergrüne, leicht unordentlich wirkende Staude mit natürlichem Charme. An der Basis befinden sich Rosetten aus länglichen, ein- bis zweifiedrigen, graugrünen Blättern, über denen in eindrücklicher Höhe goldgelbe Schirmrispen schweben, die Beeten noch lange nach dem Verblühen Struktur verleihen.
**STANDORT:** Gut durchlässiger, mäßig fruchtbarer Boden in voller Sonne.
**PFLEGE:** Rückschnitt im Spätwinter.
**VERMEHREN:** Im Frühjahr teilen.
**GUTE PARTNER:** *Crocosmia* 'Lucifer', *Foeniculum vulgare* 'Purpureum', *Campanula persicifolia, Stipa capillata, Allium christophii, Iris foetidissima, Eryngium × tripartitum, Miscanthus sinensis* 'Goldfeder', *Acanthus spinosus, Ruta graveolens, Artemisia alba* 'Canescens', *Baptisia australis, Buphtalmum salicifolium, Oenothera biennis, Nepeta sibirica, Ferula communis, Alcea rosea* 'Nigra', *Pennisetum setaceum* 'Rubrum'.

*Anthemis tinctoria* 'Sauce hollandaise'
## Färber-Hundskamille

**H** bis 60 cm | **B** bis 60 cm | **BLÜTEZEIT** 5–8

**AUSSEHEN:** Gruppenbildende, sehr üppig blühende Staude mit gefiederten Blättchen und verzweigten Trieben mit gelben Knospen, die sich zu blasscremefarbenen Blütenköpfchen öffnen und später fast weiß werden. Ein anspruchsloser Dauerblüher und Insektenmagnet!
**STANDORT:** Mäßig fruchtbarer, gut durchlässiger, auch sandiger oder kiesiger Boden in voller Sonne. Im Herbst färbt sich das Laub leicht rötlich.
**PFLEGE:** Um die Lebensdauer zu fördern, empfiehlt sich ein starker Rückschnitt nach der Blüte.
**VERMEHREN:** Über Teilung im Frühjahr oder grundständige Stecklinge im Frühjahr und Sommer.
**GUTE PARTNER:** *Allium christophii, Allium sphaerocephalon, Nepeta × faassenii, Baptisia, Lavandula, Salvia × nemorosa, Nasella tenuissima, Helictotrichon sempervirens, Euphorbia myrsinites, Phlomis tuberosa* 'Amazone', *Eryngium planum, Echinops ritro* 'Veitch's Blue', *Hordeum jubatum*.

*Aquilegia vulgaris*
## Gemeine Akelei

**H** bis 90 cm | **B** 40 cm | **BLÜTEZEIT** 5–6

**AUSSEHEN:** Aufrechte, langlebige Staude mit attraktiven dreifingrigen, gelappten Blättchen. Steife Sprosse tragen ab dem späten Frühling endständige Trauben mit hängenden oder waagrecht stehenden, lustig gespornten Blüten. Die Akelei wechselt schamlos den Partner: Das Ergebnis ist bunte Vielfalt und null Langeweile!
**STANDORT:** Mäßig fruchtbarer, durchlässiger Boden in Sonne oder Halbschatten.
**PFLEGE:** Je nachdem wie man der Selbstaussaat gegenübersteht, entfernt man Verblühtes sofort oder erfreut sich den Winter über noch an den skurrilen Samenständen.
**VERMEHREN:** Samen bei Reife oder im Frühling im Kalten Kasten aussäen. Sorten im Frühjahr vorsichtig teilen.
**GUTE PARTNER:** *Anthriscus sylvestris* 'Ravenswing', *Iris barbata* 'Bazaar', *Paeonia tenuifolia, Allium* 'Purple Sensation', *Geranium phaeum, Petrorhagia saxifraga, Potentilla nepalensis* 'Miss Wilmott', *Phlox bifida, Anthemis tinctoria* 'E.C. Buxton', *Amsonia orientalis*.
**TIPP:** Puristen sollten Sorten am besten getrennt halten.

*Artemisia alba* 'Canescens'

## Kampfer-Wermut

**H** 45 cm | **B** 30 cm | **BLÜTEZEIT** 7–9

**AUSSEHEN:** Halbimmergrüne Blattschmuckstaude mit gefiedertem, silbrigem, grazilem Laub. Im Spätsommer entwickeln sich unscheinbare, braungelbe Blütenköpfchen in Rispen.
**STANDORT:** Gut wasserdurchlässige, mäßig fruchtbare Erde in voller Sonne.
**PFLEGE:** Ein leichter Rückschnitt im Frühling fördert einen kompakten Wuchs.
**VERMEHREN:** Im Frühling teilen oder Grünstecklinge im Frühsommer bewurzeln.
**GUTE PARTNER:** *Sedum* 'Herbstfreude', *Geranium sanguineum* var. *striatum, Nigella damascena, Carex flagellifera, Cistus × purpureus, Berberis thunbergii* 'Atropurpurea Nana', *Rosmarinus officinalis* 'Prostratus', *Euphorbia cyparissias* 'Tall Boy', *Asphodeline lutea, Ballota pseudodictamnus, Bupleurum fruticosum, Caryopteris incana, Centranthus ruber, Nasella tenuissima, Cistus laurifolius, Cistus × florentinus, Eragrostis curvula, Nepeta racemosa.*

*Asphodeline lutea*

## Junkerlilie

**H** bis 1,5 m | **B** 30cm | **BLÜTEZEIT** 4–5

**AUSSEHEN:** Gruppenbildende Staude mit schmal dreieckigen, grasähnlichen, blaugrünen, bis 35 cm langen Blättern. Im Spätfrühling öffnen sich bis zu 20 cm lange Trauben mit duftenden, sternförmigen Blüten. In ihrer Heimat wachsen Junkerlilien an felsigen, sonnigen Hängen und Wiesen. Sie versprühen naturhaften Charme und passen bestens in Kiesgärten oder naturalistische Bepflanzungen.
**STANDORT:** Mäßig fruchtbare, gut durchlässige, lehmig-sandige Böden in voller Sonne.
**PFLEGE:** In kalten Regionen im Herbst mulchen und Verblühtes ausputzen.
**VERMEHREN:** Samen im Frühling in Töpfen im Kalthaus aussäen. Im Spätsommer oder Frühherbst lassen sich die Stauden teilen, dabei an jedem Rhizom 2–3 schlafende Augen belassen.
**GUTE PARTNER:** *Verbena bonariensis, Verbascum* 'Helen Johnson', *Stipa calamagrostis, Yucca flaccida* 'Golden Sword', *Allium karataviense, Fritillaria persica* 'Adiyaman', *Iris* 'Wedgewood', *Ornithogalum nutans, Artemisia arborescens, Briza maxima, Cerinthe major* 'Purpurascens'.

*Aster pyrenaeus* 'Lutetia'

## Pyrenäen-Aster

**H** bis 70cm | **B** 40 cm | **BLÜTEZEIT** 8–10

**AUSSEHEN:** Grazile, lang- und reichblühende Staude mit ausladendem, überhängendem Wuchs und naturhaftem Charme. Ab dem Spätsommer öffnen sich über viele Wochen violettrosa Blütensterne an lockeren Rispen über lanzettlichen, mittelgrünen Blättern. Bienen- und Insektenmagnet. Die Samenstände im Herbst wirken lange zierend.
**STANDORT:** Gut durchlässige, mäßig fruchtbare Böden in voller Sonne.
**PFLEGE:** Nach der Blüte mulchen, Verblühtes bodennah abschneiden.
**VERMEHREN:** Im Frühjahr Ausläufer abtrennen oder teilen.
**GUTE PARTNER:** *Calamintha nepeta, Echinacea purpurea, Salvia nemorosa, Sedum* 'Matrona', *Echinops ritro, Rudbeckia hirta, Panicum virgatum* 'Shenandoah', *Helictotrichon sempervirens, Coreopsis verticillata* 'Moonbeam', *Aster ericoides* 'Pink Cloud', *Aster linosyris, Andropogon gerardii* 'Präriesommer'.

*Baptisia* 'Purple Smoke'

## Färberhülse, Indigolupine

**H** bis 1 m | **B** 50 cm | **BLÜTEZEIT** 6–8

**AUSSEHEN:** Aufrechte Staude mit bereiften Sprossen und gefingerten, grünen Blättern, die aus je drei eiförmigen, bis 4 cm langen Blättchen bestehen. Das Laub ist so attraktiv und makellos angeordnet, dass die Pflanze auch ohne Blüten eine Augenweide ist. Ab dem Frühsommer erscheinen vielblütige Trauben mit blauvioletten Blüten, aus denen sich später prächtige Samenschoten entwickeln.
**STANDORT:** Offene, gut durchlässige, auch sandige Böden in voller Sonne.
**PFLEGE:** Samenstände entfernen und im Spätwinter oder zeitigen Frühjahr bodennah abschneiden.
**VERMEHREN:** Im zeitigen Frühjahr teilen.
**GUTE PARTNER:** *Delphinium ajacis, Anthemis tinctoria* 'Sauce hollandaise', *Euphorbia ceratocarpa, Echinacea paradoxa, Echinacea simulata, Nepeta × faassenii, Digitalis lanata, Calamagrostis arundinacea* 'Mona', *Stipa calamagrostis* 'Allgäu', *Chasmanthium latifolium.*

*Clematis × aromatica*

## Clematis, Waldrebe

**H** bis 2 m | **B** bis 80 cm | **BLÜTEZEIT** 6–9

**AUSSEHEN:** Wenn es eine Clematis gibt, die man haben muss, dann ist es dieses anspruchslose, bezaubernde Geschöpf! Den ganzen Sommer über werden zahlreiche, stark duftende, zierliche, blauviolette Blüten mit attraktiven Staubgefäßen gebildet, deren Samenstände die Staude bis in den Winter hinein zieren. Insektenmagnet!
**STANDORT:** Fruchtbarer, nährstoffreicher, humoser und durchlässiger Boden in Sonne oder Halbschatten.
**PFLEGE:** Im zeitigen Frühjahr schneidet man alle Triebe auf 30 cm zurück und mulcht mit Kompost oder gut verrottetem Mist.
**VERMEHREN:** Über halbverholzte Stecklinge im Frühsommer oder Teilung im Frühling.
**GUTE PARTNER:** *Echinacea paradoxa, Lavandula × intermedia* 'Edelweiss', *Rosa* 'Vesuvia', *Choisya ternata* 'Aztec Pearl', *Verbascum* 'Gainsborough', *Lonicera nitida* 'Baggesen's Gold', *Buddleja davidii* 'Buzz Velvet', *Brachyglottis* Dunedin Group 'Sunshine'.
**TIPP:** Sieht besonders bezaubernd auf einer Mauerkrone aus. Geeignet für Topfkultur.

*Coreopsis verticillata* 'Moonbeam'

## Quirlblättriges Mädchenauge

**H** bis 50 cm | **B** bis 50 cm | **BLÜTEZEIT** 6–9

**AUSSEHEN:** Buschige, rhizombildende, sich langsam ausbreitende Staude mit vielen verzweigten Trieben. Die Blätter sind dreifach gefiedert und sehr anmutig, darüber tanzen zitronengelbe Blütenköpfchen in lockeren Schirmrispen wie kleine Sonnen.
**STANDORT:** Fruchtbare, gut durchlässige Böden in Sonne oder Halbschatten.
**PFLEGE:** Verblühtes entfernen, um die Blütezeit zu verlängern.
**VERMEHREN:** Im zeitigen Frühjahr teilen.
**GUTE PARTNER:** *Lithodora diffusa* 'Heavenly Blue', *Festuca glauca* 'Seeigel', *Achillea × lewisii* 'King Edward', *Allium flavum, Catananche caerulea* 'Major', *Eryngium planum* 'Blauer Zwerg', *Aeonium* 'Zwartkop' (nicht frosthart!), *Caryopteris × clandonensis* 'Kew Blue', *Briza maxima, Lagurus ovatus, Stachys byzantina* 'Silver Carpet', *Agastache* 'Blue Fortune', *Verbena bonariensis, Lavandula angustifolia* 'Hidcote', *Perovskia atriplicifolia.*
**TIPP:** Sehr beliebt bei Schnecken, deshalb Neuaustrieb im Auge behalten und gegebenenfalls schützen.

*Crambe maritima*

## Küsten-Meerkohl, Strandkohl

**H** 75 cm | **B** 60 cm | **BLÜTEZEIT** 6

**AUSSEHEN:** Ausladende, polsterbildende Staude mit nieren- bis eiförmigen, fiederspaltigen, bereiften, blaugrünen, bis zu 30 cm langen Blättern. Im Frühsommer öffnen sich weiße Blütentrauben an kräftigen Sprossen, die keinen Zweifel mehr an der Verwandtschaft zum Kohl aufkommen lassen.
**STANDORT:** Idealerweise in fruchtbarer, gut durchlässiger Erde in voller Sonne, aber er verträgt auch ärmeren Boden und Halbschatten.
**PFLEGE:** Im Spätwinter Verblühtes und abgestorbenes Laub ausputzen.
**VERMEHREN:** Samen im Frühling oder Herbst im Kalten Kasten aussäen. Im zeitigen Frühjahr teilen oder im Winter Wurzelschnittlinge nehmen.
**GUTE PARTNER:** *Eschscholzia californica* 'Cream Swirl', *Armeria maritima, Sedum cauticola* 'Bertram Anderson', *Pyrus salicifolia* 'Pendula', *Limonium latifolium, Geranium* 'Rozanne'.
**TIPP:** Sehr attraktiv für Bienen! Essbar, wenn man sich nicht scheut, die Blätter zu ernten.

*Delosperma*

## Mittagsblume

**H** bis 10 cm | **B** bis 40 cm | **BLÜTEZEIT** 6–8

**AUSSEHEN:** Diese Südafrikanerin bildet dichte, grüne Matten aus dicken, schmalen, sukkulenten Blättern, die je nach Art zwischen 1–5 cm lang werden. Den Sommer über bilden sich leuchtende, meist pinkfarbene oder rote, wie Sterne anmutende Blüten.
**STANDORT:** Wie alle Sukkulenten liebt auch die Mittagsblume sehr gut dränierte, geschützte, vollsonnige Standorte. Pudelwohl fühlt sie sich zwischen Felsen und auf Mauern, was sie zur perfekten Kandidatin für vertikale Gärten macht!
**VERMEHREN:** Im Frühling/Sommer über Sprossstecklinge oder Aussaat bei 21 °C.
**PFLEGE:** Keine.
**GUTE PARTNER:** *Centranthus ruber, Sedum acre, Sempervivum, Festuca glauca, Thymus, Yucca filamentosa, Euphorbia rigida, Euphorbia myrsinites, Phlomis purpurea, Allium cernuum.*
**ANMERKUNGEN:** *Delosperma lineare* hat gelbe Blüten, *Delosperma karooicum* und *D. basuticum* 'White Nugget' weiße Blüten. Zu den winterhärtesten Arten zählen *D. lineare* und *D. cooperi.*

*Echinacea purpurea* 'Magnus'

## Roter Scheinsonnenhut

**H** bis 1,5 m | **B** 45 cm | **BLÜTEZEIT** 7–9

**AUSSEHEN:** Aufrechte Staude mit teilweise behaarten, rot getönten, grünen Sprossen und eiförmigen, gezähnten Blättern. Die bis zu 18 cm breiten Blütenköpfchen setzen sich aus einem orangefarbenen Zentrum aus Röhrenblüten und purpurnen Zungenblüten zusammen. Insektenmagnet!
**STANDORT:** Gute, tiefe, humose und durchlässige Erde in voller Sonne.
**PFLEGE:** Das Ausputzen von Verblühtem fördert neue Blüten. Im Frühjahr mit Kompost oder Mist mulchen. Im Spätwinter Verblühtes bodennah abschneiden.
**VERMEHREN:** Im Herbst oder Frühjahr teilen, dabei aber nicht zu oft stören. Vom späten Herbst bis zum Winteranfang kann man Wurzelschnittlinge nehmen.
**GUTE PARTNER:** *Perovskia* 'Blue Spire', *Calamagrostis acutiflora, Rudbeckia fulgida* var. *deamii, Pennisetum alopecuroides* 'Moudry', *Aster pyrenaeus* 'Lutetia'.
**TIPP:** Samenstände unbedingt stehen lassen, da sie den Winter über attraktiv und standfest sind. Auf kärgeren Böden ist die langlebigere, grazilere *Echinacea pallida* eine gute Alternative.

*Echinops ritro* 'Veitch's Blue'

## Ruthenische Kugeldistel

**H** bis 90 cm | **B** 45 cm | **BLÜTEZEIT** 7–9

**AUSSEHEN:** Kompakte, gruppenbildende Staude mit länglich-elliptischen, fiederspaltigen, steifen, stacheligen, bis 20 cm langen Blättern. Ab dem Spätsommer öffnen sich kugelige, metallisch-dunkelblaue Blütenköpfchen, die auch in der Vase eine gute Figur machen, wenn man es übers Herz bringt, sie den Bienen unter der Nase wegzuschneiden.
**STANDORT:** Liebt arme, gut dränierte Böden in voller Sonne, gedeiht aber auf nahezu allen Böden und im Halbschatten.
**PFLEGE:** Verblühtes entfernen, um die Selbstaussaat zu verhindern. Wer sich daran nicht stört, kann mit dem Rückschnitt bis zum Spätwinter warten und sich an den Winterbildern erfreuen.
**VERMEHREN:** Über Teilung im Frühjahr oder Wurzelstecklinge im Winter.
**GUTE PARTNER:** *Nasella tenuissima, Oenothera speciosa* 'Siskiyou', *Phlomis fruticosa, Nepeta* 'Six Hills Giant', *Centaurea macrocephala, Onopordum nervosum, Erigeron karvinskianus* 'Blütenmeer', *Echinacea paradoxa, Oenothera odorata* 'Sulphurea', *Euphorbia characias* 'Black Pearl'.

*Erigeron karvinskianus*

## Karwinskis Berufkraut

**H** bis 30 cm | **B** bis 1 m | **BLÜTEZEIT** 5–10

**AUSSEHEN:** Teppich- und rhizombildende, wüchsige Staude mit locker verzweigten Sprossen und kleinen, immergrünen, elliptisch-lanzettlichen Blättern. Ab dem Spätfrühling erscheinen zahlreiche charmante, kleine, weiße Blüten in lockeren Schirmrispen, die sich mit der Zeit erst rosa dann purpurn färben.
**STANDORT:** Gut dränierter Boden in Sonne oder Halbschatten.
**PFLEGE:** Im zeitigen Frühjahr leicht zurückschneiden.
**VERMEHREN:** Samen im mittleren oder späten Frühjahr in Töpfen im Kalten Kasten aussäen oder Grundstecklinge bewurzeln.
**GUTE PARTNER:** *Nepeta racemosa, Festuca glauca, Phygelius × rectus* 'Salmon Leap', *Hebe pinguifolia* 'Pagei', *Cerastium tomentosum, Sempervivum tectorum, Stachys byzantina, Helichrysum petiolare, Rosa* 'The Fairy', *Centranthus ruber, Santolina chamaecyparissus, Sedum telephium* 'Strawberries and cream'.
**TIPP:** Wunderbar für Mauerkronen, Plattenfugen und Töpfe. Dieses liebenswerte Wesen sucht sich meist selbst den passenden Platz, ohne je aufdringlich zu werden.

*Eryngium planum* 'Blauer Zwerg'

## Flachblättriger Mannstreu

**H** 90 cm | **B** 45 cm | **BLÜTEZEIT** 8–9

**AUSSEHEN:** Gruppenbildende, immergrüne Staude mit länglichen, gezähnten Blättern mit herzförmiger Basis und stacheligen, bläulichen Stängelblättern. Im Hochsommer und Frühherbst bilden sich an stark verzweigten Trieben kugelige Dolden aus hellblauen Blüten mit stacheligen, blaugrünen Brakteen. Man kann sie vor lauter Bienen, Hummeln und Schmetterlingen kaum sehen. Raureif und Schnee machen im Winter kleine Kunstwerke aus den „Gerippen".
**STANDORT:** Trockene, gut durchlässige, arme bis mäßig fruchtbare Erde in voller Sonne. Vor starker Winternässe schützen.
**PFLEGE:** Im Spätwinter Verblühtes bodennah abschneiden.
**VERMEHREN:** Über Wurzelschnittlinge im Spätwinter.
**GUTE PARTNER:** *Achillea millefolium* 'Taygetea', *Sisyrinchium striatum, Allium sphaerocephalon, Salvia nemorosa* 'Blauhügel', *Berberis thunbergii* 'Aurea', *Helianthemum* 'Wisley Primrose', *Stipa pennata, Echinacea purpurea.*
**TIPP:** Dieser Mannstreu versamt sich großzügig, ungewünschte Jungpflanzen lassen sich leicht entfernen.

*Euphorbia cyparissias*

## Zypressen-Wolfsmilch

**H** 20–40 cm | **B** unbegrenzt | **BLÜTEZEIT** 5-8

**AUSSEHEN:** Rhizombildende, krautige Stauden mit großem Ausbreitungsdrang. Schlanke, nach oben verzweigte Sprosse schmücken sich mit nadelartigen, blaugrünen, bis 4 cm langen Blättern, die sich im Herbst gelb färben. Die Staude blüht vom Spätfrühjahr bis in den Hochsommer hinein mit endständigen Cymen aus gelbgrünen Cyathien. Bei kargem Boden verfärben sich diese orange.
**STANDORT:** Durchlässige, leichte Böden in voller Sonne.
**PFLEGE:** Verblühtes im Herbst oder Spätwinter entfernen.
**VERMEHREN:** Über Teilung im Herbst oder Frühjahr. Samen bei Reife oder im Frühling aussäen.
**GUTE PARTNER:** *Helianthemum* 'Fire Dragon', *Lavandula angustifolia* 'Hidcote', *Sedum cauticola* 'Lidakense', *Sedum rupestre* 'Angelina', *Bergenia* 'Baby Doll'.
**TIPP:** Die Sorten 'Fens Ruby' und 'Orange Man' sind weniger invasiv.

*Euphorbia ceratocarpa*

## Sizilianische Wolfsmilch

**H** bis 1,5 m | **B** 60 cm | **BLÜTEZEIT** ab 4

**AUSSEHEN:** Hübsche Staude, deren biegsame Sprosse von lanzettlichen, filigranen, mittelgrünen Blättern bedeckt sind. Ab dem Spätfrühling oder Frühsommer erscheinen gelbgrüne Cyathien und Hüllblätter, die einen reizvollen, erfrischenden Kontrast zum Laub bilden. Die Blüten halten sich über viele Monate und eignen sich auch prima als Schnittblumen. Manchmal kann man sie bis in den Winter hinein pflücken.
**STANDORT:** Die Sizilianerin liebt wasserdurchlässige, leichte Böden in voller Sonne und einen geschützten Platz.
**PFLEGE:** Verblühtes eventuell schon im Spätsommer abschneiden, sonst alljährliches Ausputzen im Spätwinter.
**VERMEHREN:** Samen bei Reife oder im zeitigen Frühjahr säen oder im Frühjahr/Frühsommer grundständige Stecklinge nehmen.
**GUTE PARTNER:** *Euphorbia myrsinites, Tulipa whittallii, Tulipa* 'Ballerina', *Artemisia schmidtiana* 'Nana', *Helictotrichum sempervirens, Erysium cheiri* 'Sunset Dark Purple'.
**TIPP:** Versamt sich stark.

*Euphorbia myrsinites*

## Walzen-Wolfsmilch

**H** 10 cm | **B** bis 30 cm | **BLÜTEZEIT** 4-6

**AUSSEHEN:** Immergrüne, darniederliegende, exotisch wirkende Staude, an deren Sprossen spiralförmig zugespitzte, sukkulente, blaugraue, 5–10 cm lange Blätter angeordnet sind. Endständige Dolden aus frischen, grüngelben Cyathien und Hüllblättern schmücken die Pflanze über viele Wochen im Frühling. Ich muss immer an ein zusammengekringeltes Urtier denken!
**STANDORT:** Wasserdurchlässige, leichte Böden in voller Sonne. Die Walzen-Wolfsmilch versamt sich auch in Mauerritzen und zeigt einem selbstbewusst, wo sie wachsen möchte.
**PFLEGE:** Verblühtes am Sommerende abschneiden, abgestorbene Triebe ausputzen.
**VERMEHREN:** Samen bei Reife oder im zeitigen Frühjahr säen oder grundständige Stecklinge nehmen.
**GUTE PARTNER:** *Lithodora oleifolia, Berberis thunbergii* 'Atropurpurea Nana', *Muscari armeniacum, Aubrieta*-Sorten in Blau, *Tulipa vedenskyi, Festuca glauca, Brunnera macrophylla* 'Jack Frost'.

*Geranium sanguineum*

## Blutroter Storchschnabel

**H** bis 30 cm | **B** bis 30 cm | **BLÜTEZEIT** 6-9

**AUSSEHEN:** Dichte, krautige Staude mit sich ausbreitenden Rhizomen und hübsch gelapptem Laub. Im Sommer tanzen magentafarbene, becherförmige, bis 4 cm breite Blüten mit feinen Adern unermüdlich durch das Beet. Im Herbst nehmen die Blätter eine orange-rote Färbung an.
**STANDORT:** Humoser, durchlässiger Boden in Sonne oder Halbschatten.
**PFLEGE:** Abgewelkte Blütentriebe und Blätter entfernen. Alljährlicher Rückschnitt gegen Winterende.
**VERMEHREN:** Im Frühjahr teilen.
**GUTE PARTNER:** *Artemisa alba* 'Canescens', *Festuca glauca* 'Elija Blue', *Salvia officinalis* 'Purpurascens', *Hebe penguifolia, Euphorbia cyparissias* 'Fens Ruby', *Allium christophii, Molinia caerulea* subsp. *caerulea* 'Edith Duszus', *Achillea* × *lewisii* 'King Edward'.
**TIPP:** Empfehlenswerte Sorten sind 'Patricia', 'Elsbeth' und 'Max Frei'. Sehr ausladend ist die rankende Sorte 'Tiny Monster'.

*Helleborus foetidus*

## Stinkende Nieswurz

**H** bis 80 cm | **B** 45 cm | **BLÜTEZEIT** 3-4

**AUSSEHEN:** Aufrechte Staude mit belaubten Sprossen, an denen sich elliptische oder schmallanzettliche, gezähnte, bis 23 cm lange Blätter befinden. Der allgemeine Name rührt vom Duft, den das Laub beim Zerreiben freisetzt. Da man dies kaum tun wird, darf man sich ungeniert an dieser pflegeleichten Staude freuen. Ab dem mittleren Winter trägt sie über viele Wochen zahlreiche Cymen mit reizenden, hängenden, manchmal duftenden, grünen Glocken mit purpurnem Rand.
**STANDORT:** Nahezu jeder Boden in Sonne oder Halbschatten. Keine Staunässe!
**PFLEGE:** Nach der Blüte ausputzen und im Herbst mit Laub oder Kompost mulchen.
**VERMEHREN:** Samen bei Reife im Kalten Kasten säen.
**GUTE PARTNER:** *Eranthis hyemalis, Cornus alba* 'Sibirica', *Galanthus nivalis, Daphne laureola, Kerria japonica, Camellia sasanqua, Cyclamen hederifolium, Narcissus* 'Tête-à-tête', *Hamamelis* × *intermedia* in Sorten, *Pulmonaria officinalis, Anemone nemorosa.*

*Heuchera* 'Marmalade'

## Purpurglöckchen

**H** 40 cm | **B** 40 cm | **BLÜTEZEIT** 5-8

**AUSSEHEN:** Immergrüne oder halbimmergrüne Staude mit rundlichen, gekräuselten oder gewellten Blättern, deren Farbe von Limettengrün zu zartem Orangeocker changiert. Die filigranen Blütenrispen tanzen ab Mai über dem Laub. Purpurglöckchen gibt es mittlerweile in vielen Farben und Formen, sodass für jeden Geschmack etwas dabei ist.
**STANDORT:** Sie sind dankbare Bodendecker und bilden in fruchtbarer, durchlässiger Erde in Sonne oder Halbschatten zusammen mit anderen Bodendeckern schnell dichte Teppiche.
**PFLEGE:** Die Wurzelstöcke verholzen recht schnell und wandern nach oben, weshalb man jährlich eine Mulchschicht ausbringen sollte.
**VERMEHREN:** Kultivare im Herbst teilen.
**GUTE PARTNER:** *Geranium sanguineum, Liriope muscari, Polypodium vulgare, Vinca difformis, Pachyphragma macrophyllum, Pulmonaria saccharata, Allium christophii.*

*Iris foetidissima*
## Übelriechende Schwertlilie

**H** bis 90 cm | **B** 50 cm | **BLÜTEZEIT** 6

**AUSSEHEN:** Wüchsige, anspruchslose, rhizombildende Iris mit Starqualitäten: Kräftige, immergrüne, bis 75 cm lange Blätter, im Frühsommer verzweigte Sprosse mit violettblauen Blüten. Diese sind nicht auffallend, aber von faszinierender Perfektion. Wirklich prächtig sind die Samenkapseln, die im Herbst aufplatzen und knallig orangefarbene Samen freigeben. Übel riechen übrigens nur die Blätter beim Zerreiben, und das kann man sich ja verkneifen.
**STANDORT:** Wächst in jedem durchlässigen, mäßig fruchtbaren Boden im Halbschatten. Perfekte Wahl für trockene, schattige Standorte.
**PFLEGE:** Im Spätwinter totes Laub und Verblühtes herausschneiden. Alle 3–5 Jahre teilen.
**VERMEHREN:** Stauden zwischen Hochsommer und Frühherbst teilen.
**GUTE PARTNER:** *Helleborus foetidus, Iris foetidissima* var. *citrina, Euphorbia dulcis* 'Chameleon', *Geranium nodosum, Cyclamen coum, Deschampsia cespitosa* 'Goldtau', *Corydalis lutea, Symphoricarpos* × *doorenbosii* 'Mother of Pearl', *Ribes alpinum* 'Aureum'.

*Knautia macedonica*
## Mazedonische Witwenblume

**H** bis 80 cm | **B** 45 cm | **BLÜTEZEIT** 6–8

**AUSSEHEN:** Horstbildende Staude mit schlanken, aufrechten Trieben, auf denen im Sommer zahlreiche, lange blühende, purpurrote Köpfchen balancieren. Die Blattrosetten sind gefiedert und auch sehr hübsch. Insektenmagnet! Perfekt für Landhaus- und Naturgärten.
**STANDORT:** Mäßig nährstoffreicher, durchlässiger Boden in voller Sonne.
**PFLEGE:** Im Spätwinter bis zur Basis zurückschneiden.
**VERMEHREN:** Im Frühjahr im Kalten Kasten aussäen oder grundständige Stecklinge nehmen.
**GUTE PARTNER:** *Stachys byzantina, Allium sphaerocephalon, Allium* 'Purple Sensation', *Euphorbia ceratocarpa, Aquilegia* 'Black Barlow', *Nepeta racemosa* 'Superba', *Nasella tenuissima, Achillea* 'Terracotta', *Crambe maritima, Verbena hastata, Echinacea pallida, Oenothera lindheimeri, Linaria purpurea, Acanthus, Salvia* × *nemorosa* 'Caradonna', *Anthemis tinctoria, Linum perenne, Calamagrostis* varia.

*Linaria purpurea*
## Purpur-Leinkraut

**H** bis 90 cm | **B** 30 cm | **BLÜTEZEIT** 7–10

**AUSSEHEN:** Aufrechte, anmutige Staude mit linealen Blättern, die vom Frühsommer bis in den Herbst hinein schlanke, purpurfarbene Blütenkerzen hervorzaubert. Das Purpur-Leinkraut ist übermütig und lebenslustig, versamt sich ebenso ohne je zur Last zu werden. Eine Gute-Laune-Pflanze par excellence!
**STANDORT:** Mäßig nährstoffreicher, leichter, durchlässiger, auch sandiger Boden in voller Sonne.
**PFLEGE:** Regelmäßiges Ausputzen von Verblühtem sorgt für eine lange Saison. Bodennaher Rückschnitt im Spätwinter.
**VERMEHREN:** Im Frühling teilen oder halbverholzte Stecklinge an der Basis der Pflanze entnehmen.
**GUTE PARTNER:** *Allium nigrum, Leymus arenarius, Leucanthemum vulgare, Lychnis coronaria* 'Alba', *Hibiscus syriacus* 'Blue Bird', *Rosa* 'Mozart', *Dictamnus albus, Eremurus robustus, Eryngium* × *tripartitum, Limonium latifolium.*
**TIPP:** Möchte man dem Versamen Einhalt gebieten, ist konsequentes Abschneiden vor der Samenreife angesagt.

*Nepeta* 'Six Hills Giant'

## Katzenminze

**H** bis 90 cm | **B** 60 cm | **BLÜTEZEIT** 6-9

**AUSSEHEN:** Wüchsige, lockere Staude mit kleinen, eiförmigen, behaarten, aromatischen Blättern. Den ganzen Sommer über erscheinen zahlreiche ährenartige Cymen mit wirtelig angeordneten, lavendelblauen Blüten. Insektenmagnet ... und leider auch ein Katzenmagnet. Es gibt Stubentiger, die in ihrer Begeisterung die ganze Staude platt machen!
**STANDORT:** Jeder wasserdurchlässige Boden in Sonne oder Halbschatten.
**PFLEGE:** Ein Rückschnitt nach der ersten Blüte fördert einen kompakten Wuchs und eine Nachblüte. Im Spätwinter schneidet man die ganze Staude bodennah ab.
**VERMEHREN:** Katzenminzen säen sich meist selbst aus, aber man kann die Staude auch im Frühling oder Herbst teilen oder im Frühsommer Grünstecklinge nehmen.
**GUTE PARTNER:** *Phlomis russeliana, Helictotrichon sempervirens, Festuca glauca, Rosa glauca, Cistus × argenteus* 'Silver Pink', *Allium senescens, Origanum vulgare* 'Aureum', *Meconopsis cambrica, Euphorbia myrsinites, Phormium cookianum* 'Tricolor'.

*Oenothera lindheimeri* 'Whirling Butterflies'

## Prachtkerze

**H** bis 70 cm | **B** 90 cm | **BLÜTEZEIT** 5-9

**AUSSEHEN:** Buschige Staude aus Texas mit schlanken Sprossen mit lanzettlichen, länglichen, graugrünen Blättern. Ab dem späten Frühjahr öffnen sich über viele Monate rosigweiße Knospen an lockeren Rispen. Die Sorte heißt nicht umsonst 'Whirling Butterflies', denn die Blüten der Prachtkerze muten tatsächlich wie zarte Schmetterlinge an.
**STANDORT:** Fruchtbare, lehmige, durchlässige Erde in Sonne oder Halbschatten.
**PFLEGE:** Verblühtes ausputzen.
**VERMEHREN:** Über Grund- oder Jungholzstecklinge im Frühjahr oder halbverholzte Ansatzstecklinge im Sommer.
**GUTE PARTNER:** *Eryngium giganteum, Echinacea purpurea* 'Rubinstern', *Deschampsia cespitosa* 'Goldschleier', *Aster × frikartii* 'Mönch', *Sedum* 'Jose Aubergine', *Artemisia schmidtiana* 'Silver Mound', *Betula utilis* var. *jacquemontii, Verbena rigida.*
**TIPP:** Wird von Rehen und Kaninchen verschmäht.

*Salvia nemorosa* 'Blauhügel'

## Steppen-Salbei

**H** bis 40 cm | **B** bis 40 cm | **BLÜTEZEIT** 6-9

**AUSSEHEN:** Aufrechte, stark verzweigte Staude mit eiförmigen bis länglichen Blättern. Diese Sorte von Ernst Pagels remontiert gut, ist kompakt und bildet den Sommer über dichte Trauben mit reinblauen Blüten. Insekten- und Bienenweide!
**STANDORT:** Mäßig fruchtbare, humusreiche, durchlässige Böden in Sonne oder Halbschatten.
**PFLEGE:** Verblühtes regelmäßig ausputzen. Im Herbst oder Spätwinter bodennah abschneiden.
**VERMEHREN:** Im Frühjahr teilen oder grundständige Stecklinge oder Grünstecklinge nehmen.
**GUTE PARTNER:** *Coreopsis verticillata* 'Zagreb', *Anaphalis triplinervis* 'Silberregen', *Hemerocallis* 'Golden Chimes', *Geranium sanguineum, Alchemilla mollis, Nasella tenuissima, Echinacea purpurea, Echinacea pallida, Rudbeckia fulgida* var. *deamii, Achillea ageratifolia, Anthemis tinctoria* 'Dwarf Form', *Verbascum* 'Gainsborough', *Eryngium tripartitum, Euphorbia seguieriana* subsp. *niciciana, Deschampsia cespitosa.*

*Scabiosa cretica*
## Kreta-Skabiose

**H** bis 50 cm | **B** bis 80 cm | **BLÜTEZEIT** 4-7

**AUSSEHEN:** Gruppenbildende Staude mit dicht stehenden, lanzettlichen, graugrünen Grundblättern, über denen auf robusten Stängeln ab dem Frühling rosalila Blütenköpfchen schweben, deren kuriose Samenstände lange eine zierende Wirkung haben.
**STANDORT:** Magere, sehr gut dränierte Böden in voller Sonne.
**PFLEGE:** Im Spätwinter oder zeitigen Frühjahr Verblühtes und totes Laub herausschneiden.
**VERMEHREN:** Über Grünstecklinge im Frühling oder Aussaat im Herbst.
**GUTE PARTNER:** *Santolina etrusca, Carex flacca* 'Blue Zinger', *Iberis sempervirens* 'Golden Candy', *Sedum* 'Carl', *Sedum cauticola* 'Lidakense', *Stipa capillata, Eragrostis spectabilis, Hyssopus officinalis, Euphorbia rigida, Goniolimon speciosum, Hesperaloe parviflora, Tulbaghia violacea, Salvia argentea, Salvia officinalis, Origanum dictamnus, Nepeta tuberosa.*
**TIPP:** Frosthart bis etwa –11 °C. Nicht vergessen: Die meisten Pflanzen sterben nicht wegen der Kälte, sondern wegen der fatalen Kombination von Kälte und Nässe!

*Sedum* 'Joyce Henderson'
## Fetthenne

**H** bis 50 cm | **B** bis 50 cm | **BLÜTEZEIT** 8-10

**AUSSEHEN:** Laubabwerfende Staude mit unverzweigten, bereiften, grünen Sprossen und rosa überhauchten, länglichen, fleischigen Blättern. Im Spätsommer entstehen flache, bis 20 cm breite Cymen mit sternförmigen, rosa Blüten, die auch im Verblühen attraktiv sind. Insektenmagnet!
**STANDORT:** Mäßig fruchtbarer, durchlässiger, neutral bis schwach alkalischer Boden in voller Sonne.
**PFLEGE:** In milden Gegenden kann man den Rückschnitt im Spätwinter oder zeitigen Frühjahr vornehmen, in kalten, schneereichen Gegenden früher.
**VERMEHREN:** Alle 3–4 Jahre im Frühjahr teilen, um die Blühfreude zu erhalten.
**GUTE PARTNER:** *Potentilla fruticosa* 'Red Ace', *Allium senescens, Fuchsia* 'Tom Thumb', *Salvia × superba, Stachys byzantina, Schizachyrium scoparium* 'The Blues', *Perovskia atriplicifolia* 'Filigran'.
**TIPP:** Hohe Fetthennen neigen in guten Böden zum Umkippen. Hier kann man den Rückschnitt nach Art des „Chelsea Chop" in Betracht ziehen, der einen kompakten Wuchs fördert, jedoch auch kleinere Blütenteller.

*Sisyrinchium striatum*
## Gestreiftes Grasschwertel

**H** 90 cm | **B** 25 cm | **BLÜTEZEIT** 5-7

**AUSSEHEN:** Gruppenbildende Staude mit bartiris-ähnlichen, graugrünen, bis 40 cm langen Blättern. Im Früh- und Hochsommer bilden sich unverzweigte Sprossen mit blassgelben, zarten, perfekt angeordneten Blüten, die sich auch nach ihrem Höhepunkt noch lange sehen lassen können. Insekten freuen sich an ihnen nicht minder.
**STANDORT:** Armer bis mässig fruchtbarer, wasserdurchlässiger, neutraler bis schwach alkalischer Boden in voller Sonne. Perfekt für Kiesgärten.
**PFLEGE:** Im Spätwinter oder zeitigen Frühjahr Verblühtes und totes Laub ausputzen. Wer nicht möchte, dass sich die Staude zu enthusiastisch versamt, sollte Verblühtes umgehend entfernen.
**VERMEHREN:** Im Frühling teilen oder Samen im Herbst oder Frühjahr im Kalten Kasten aussäen.
**GUTE PARTNER:** *Campanula persicifolia, Achillea millefolium* 'Moonshine', *Helictotrichon sempervirens* 'Saphirsprudel', *Perovskia, Salvia nemorosa* 'Caradonna', *Allium flavum, Nasella tenuissima, Stachys monnieri* 'Hummelo'.

*Stachys byzantina*

## Woll-Ziest

**H** 45 cm | **B** 60 cm | **BLÜTEZEIT** 6–9

**AUSSEHEN:** Eine Staude, die mit ihren wolligweißbehaarten, länglich-elliptischen, bis 10 cm langen, grauen Blättern zum Streicheln einlädt. Über viele Monate bilden sich ab dem Frühsommer behaarte, rosafarbene Blütenähren an aufrechten Sprossen, an denen sich Hummeln mit Gusto laben. Das immergrüne Laub sieht stets schmuck aus.
**STANDORT:** Durchlässiger, mäßig fruchtbarer Boden in voller Sonne. Keine gute Wahl für schnee- oder regenreiche, kalte Regionen.
**PFLEGE:** Verblühtes ausputzen sobald es unansehnlich wird.
**VERMEHREN:** Im Frühling bei beginnendem Wachstum teilen oder bewurzelte Teile vereinzeln.
**GUTE PARTNER:** *Calamintha nepeta, Sedum* 'Strawberries and Cream', *Eryngium giganteum, Stipa capillata, Echinops ritro* 'Veitch's Blue', *Acanthus spinosus, Phormium tenax* 'Bronze Baby', *Allium* 'Mount Everest', *Allium aflatunense* 'Purple Sensation'.
**TIPP:** Die Sorte 'Silver Carpet' blüht nicht, 'Big Ears' hat eindrückliche, große Blätter und purpurne Blüten.

*Symphyotrichum ericoides* 'Snow Flurry'

## Teppich-Myrten-Aster

**H** bis 30 cm | **B** bis 50 cm | **BLÜTEZEIT** 9–10

**AUSSEHEN:** Flach wachsender, niedriger, anspruchsloser Bodendecker, der seine Triebe fächerartig ausbreitet. Die Triebe sind reich verzweigt und bedeckt von kleinen, lineal-lanzettlichen Blättchen. Ab dem Spätsommer öffnen sich kleine, weiße Blütensterne – jeder für sich bescheiden, aber in der Masse umwerfend.
**STANDORT:** Gut durchlässige, mäßig fruchtbare Böden in voller Sonne.
**PFLEGE:** Im Spätwinter oder zeitigen Frühjahr kappt man die alten Triebe bis zum Neuaustrieb.
**VERMEHREN:** Über Teilung im Frühjahr.
**GUTE PARTNER:** *Euphorbia seguieriana* subsp. *niciciana, Euphorbia myrsinites, Sedum* 'Bertram Anderson', *Geranium sanguineum* 'Apfelblüte', *Gypsophila* 'Rosenschleier', *Carex caryophyllea, Tulipa clusiana, Achillea coarctata, Ballota acetabulosa, Origanum* 'Amethyst Falls', *Satureja montana* subsp. *illyrica, Stachys byzantina* 'Silky Fleece', *Achillea umbellata.*
**TIPP:** Ihr überhängender Wuchs und ihr pflegeleichtes Wesen macht sie perfekt für Mauerkronen oder Töpfe.

*Tanacetum parthenium*

## Mutterkraut

**H** bis 60 cm | **B** 30 cm | **BLÜTEZEIT** 6–9

**AUSSEHEN:** Kurzlebige, aromatische, sich enthusiastisch versamende Staude mit attraktiv gefiedertem, mittelgrünem Laub und aufrechten Trieben, die den ganzen Sommer über Schirmrispen mit gänseblümchenartigen, bis 2,5 cm großen Blütenköpfchen tragen. Die gelben Röhrenblüten im Zentrum sind von weißen Zungenblüten umgeben. Wunderbar in Landgärten und naturalistischen Pflanzungen.
**STANDORT:** Am besten in wasserdurchlässigen, sandigen Böden in voller Sonne, toleriert aber auch andere Böden, solange sie nicht nass und schwer sind.
**PFLEGE:** Rückschnitt im Herbst oder Spätwinter.
**VERMEHREN:** Im Frühling teilen oder im Frühsommer Grünstecklinge nehmen.
**GUTE PARTNER:** *Stipa capillata, Verbascum* 'Helen Johnson', *Artemisia* 'Powis Castle', *Sedum spectabile* 'Iceberg', *Miscanthus sinensis* 'Variegatus', *Allium sphaerocephalon, Pennisetum alopecuroides* 'Moudry'.
**TIPP:** Um das Versamen einzudämmen, Verblühtes rechtzeitig entfernen.

*Teucrium hircanicum*

## Kaukasus-Gamander

**H** bis 60 cm | **B** bis 60 cm | **BLÜTEZEIT** 6–10

**AUSSEHEN:** Reich- und langblühende, gesunde und anspruchslose Staude mit salbeiartigem, gezähntem, aromatischem Laub, über dem monatelang aufrechte, purpurrote Blütenkerzen tanzen. Insektenmagnet! Die Samenstände zieren den Garten bis in den Winter hinein.
**STANDORT:** Durchlässige, mäßig fruchtbare, auch ärmere Böden in Sonne oder Halbschatten.
**PFLEGE:** Rückschnitt im Spätwinter oder zeitigen Frühjahr.
**VERMEHREN:** Über Aussaat im Frühjahr oder Herbst. Sät sich aber reichlich selbst aus!
**GUTE PARTNER:** *Echinacea pallida, E. paradoxa, Calamagrostis varia, Nasella tenuissima, Coreopsis verticillata, Hemerocallis* 'Golden Chimes' , *Gaillardia, Orlaya grandifora, Achillea millefolium* 'Safran', *Knautia macedonica, Allium sphaerocephalon, Anthemis tinctoria.*
**TIPP:** Um das Versamen einzudämmen, Verblühtes rechtzeitig entfernen.

*Verbascum* 'Cotswold Beauty'

## Königskerze

**H** bis 1,2 m | **B** bis 50 cm | **BLÜTEZEIT** 6–8

**AUSSEHEN:** Aufrechte, halbimmergrüne, kurzlebige Staude mit eiförmigen bis lanzettlichen, bis 20 cm langen, graugrünen Blättern. Im Sommer öffnen sich zahlreiche schalenförmige, pfirsichfarbene Blüten mit purpurnen Staubgefäßen an aufrechten Ähren.
**STANDORT:** Alkalischer, durchlässiger, armer bis mäßig fruchtbarer Boden in voller Sonne.
**PFLEGE:** Verblühtes herausschneiden.
**VERMEHREN:** Über Teilung im Frühjahr oder Wurzelstecklinge im Winter.
**GUTE PARTNER:** *Hesperis matronalis, Artemisia ludoviciana, Miscanthus sinensis* 'Yakushima Dwarf', *Allium sphaerocephalon, Stipa calamagrostis, Perovskia atriplicifolia, Achillea millefolium* 'Terracotta', *Verbascum phoeniceum* 'Violetta', *Papaver somniferum* 'Black Beauty', *Papaver orientale* 'Royal Wedding', *Eryngium alpinum* 'Amethyst', *Gladiolus communis* subsp. *byzantinus, Buddleja davidii* 'Empire Blue', *Lilium × testaceum.*
**TIPP:** Da die Staude kurzlebig ist, sollte man sie regelmäßig vermehren.

*Verbena bonariensis*

## Patagonisches Eisenkraut

**H** bis 2 m | **B** 045 cm | **BLÜTEZEIT** 7–10

**AUSSEHEN:** Transparente, lockere, aufrechte Staudenschönheit aus Südamerika. Bis 2 m hohe, raue, verzweigte Sprossen mit länglich-lanzettlichen Blättern tragen über viele Monate zauberhafte violette, kleine Blüten in rispenartigen Cymen. Heiß begehrt von Taubenschwänzchen und anderen Insekten. In rauen Lagen ist die Staude einjährig.
**STANDORT:** Am besten in guten, durchlässigen Böden, ist aber auch in armen Böden zufrieden.
**PFLEGE:** Schneidet man die verblühten Spitzen aus, bilden sich neue Blütentriebe. Im Spätwinter schneidet man bis auf die Blattrosette zurück.
**VERMEHREN:** Einmal etabliert, vagabundiert das Patagonische Eisenkraut ohne Zutun des Gärtners munter durch die Gegend. Möchte man sein Treiben beeinflussen, sät man es im zeitigen Frühjahr in situ.
**GUTE PARTNER:** *Oenothera lindheimeri, Pennisetum orientale* 'Tall Tails', *Echinacea pallida, Echinacea purpurea, Gaillardia × grandiflora, Achillea millefolium* 'Lachsschönheit', *Achillea millefolium* 'Moonshine', *Nasella tenuissima.*

*Calamagrostis × acutiflora* 'Karl Foerster'

## Gartensandrohr, Reitgras

**H** 0,6–1,3 m | **B** 60 cm | **BLÜTEZEIT** 7–10

**AUSSEHEN:** Horstbildendes, sich langsam ausbreitendes Gras mit flachen, linealen, mittelgrünen Blättern. Ab Juli tragen steife Halme bronzefarbene Rispenblüten. Das Gras ist standfest, besonders lange haltbar und somit auch den Winter über eine Augenweide.
**STANDORT:** Humose Erde in Sonne oder Halbschatten.
**PFLEGE:** Bodennaher Rückschnitt im Spätwinter oder im zeitigen Frühling.
**VERMEHREN:** Horste Mitte Frühjahr teilen.
**GUTE PARTNER:** *Echinacea purpurea, Perovskia atriplicifolia, Nepeta × faasenii* 'Walkers Low', *Eryngium × zabelii* 'Violetta', *Echinops ritro, Sedum* 'Matrona', *Aster × frikartii* 'Mönch', *Aster pyrenaeus* 'Lutetia', *Pennisetum orientale* 'Karley Rose', *Salvia nemorosa* 'Caradonna', *Foeniculum vulgare* 'Purpureum', *Verbena bonariensis, Achillea millefolium* 'Red Velvet', *Crocosmia* 'Lucifer', *Asclepias tuberosa, Geranium* 'Dilys'.
**TIPP:** Auf einen luftigen Standort achten, da sonst Rostgefahr besteht.
Für Liebhaber von panaschiertem Laub sind die Sorten 'Overdam' und 'Avalanche' zu empfehlen.

*Cortaderia selloana*

## Pampasgras

**H** bis 3 m | **B** 1,5 m | **BLÜTEZEIT** 9–11

**AUSSEHEN:** Dichtes, horstbildendes, immergrünes Gras mit fontänenartigem Habitus. Die gebogenen Blätter sind bis zu 2.5 m lang. Im Spätsommer öffnen sich seidige, silbrige, manchmal rosa getönte Ährchen in pyramidenförmigen Rispen und bringen ein Leuchten in den Garten. Im Frühling nutzen Vögel die plüschigen Blüten gern zum Nestbau. Dem Pampasgras haftet wie *Cotoneaster* ein verstaubtes, grossmütterliches Image an, und es wird Zeit, dies zu ändern!
**STANDORT:** Am besten in fruchtbarer, gut dränierter Erde in voller Sonne.
**PFLEGE:** In kalten Regionen im ersten Jahr abdecken. Vorjahreswuchs im Spätwinter oder zeitigen Frühjahr beschneiden und ausputzen.
**VERMEHREN:** Teilung oder Aussaat bei 13–18 °C im Frühling.
**GUTE PARTNER:** *Yucca gloriosa, Cotinus* 'Flame', *Rhus × pulvinata* 'Autumn Lace', *Rudbeckia fulgida* var. *deamii,*
**TIPP:** 'Aureolineata' hat gelb-grün panaschiertes Laub, 'Pumila' ist prima für kleine Gärten. 'Sunningdale Silver' ist besonders prächtig, aber besser in milden Gegenden.

*Festuca glauca* 'Blaufuchs'

## Blau-Schwingel

**H** bis 30 cm | **B** bis 30 cm | **BLÜTEZEIT** 6–8

**AUSSEHEN:** Der Blau-Schwingel ist ein kompaktes, immergrünes, ausdauerndes Gras mit schmalen, leicht drahtigen, leuchtend blauen Blättern. Ab dem Frühsommer erscheinen dichte, bis 10 cm lange Rispen mit Ährchen aus blaugrünen Blüten mit violettem Hauch. Pflegeleicht und versamungswillig ist er ein prima Bodendecker.
**STANDORT:** Arme bis mäßig fruchtbare, gut wasserdurchlässige Böden in voller Sonne.
**PFLEGE:** Verblühtes/tote Halme ausputzen. Alle 2–3 Jahre teilen, um eine leuchtende Laubfärbung zu sichern.
**VERMEHREN:** Im Frühjahr teilen.
**GUTE PARTNER:** *Euphorbia myrsinites, Brunnera macrophylla, Lithodora diffusa* 'Heavenly Blue', *Muscari armeniacum, Calamintha nepeta, Geranium sanguineum, Linum perenne* 'Nanum Diamant', *Allium caeruleum, Allium karataviense, Acaena microphylla, Euphorbia polychroma, Yucca filamentosa, Sedum sieboldii, Eryngium planum* 'Tiny Jackpot'.

*Helictotrichon sempervirens*
## Blaustrahl-Wiesenhafer

**H** bis 1,4 m | **B** 60 cm | **BLÜTEZEIT** 6–8

**AUSSEHEN:** Dichtes, immergrünes Gras mit flachen, linealen, graublauen Blättern. Ab dem Frühsommer erscheinen steife, aufrechte
Sprossen mit grazilen, goldgelben Ährchen in offenen Rispen, deren Spitzen einem fröhlich zunicken.
**STANDORT:** Gut wasserdurchlässige, arme bis mäßig fruchtbare, vorzugsweise alkalische Erde in voller Sonne.
**PFLEGE:** Im zeitigen Frühling alte Blütentriebe und Blätter entfernen.
**VERMEHREN:** Über Aussaat oder Teilung im Frühjahr.
**GUTE PARTNER:** *Pennisetum alopecuroides* 'Hameln', *Euphorbia rigida, Euphorbia myrsinites, Thymus pulegioides, Salvia nemorosa* 'Blauhügel', *Lavandula angustifolia, Nepeta* 'Six Hills Giant', *Erigeron karvinskianus, Stachys byzantinus, Oenothera speciosa* var. *childsii, Symphyotrichum ericoides* fo. *prostratum* 'Snow Flurry', *Centranthus ruber* 'Albus', *Sedum ewersii* var. *homophyllum* 'Rosenteppich', *Scabiosa caucasica, Echium vulgare, Aster × frikartii* 'Wunder von Stäfa', *Achillea millefolium* 'Summerwine', *Artemisia* 'Powis Castle'.

*Miscanthus sinensis* 'Morning Light'
## Silber-Chinaschilf

**H** bis 1,2 m | **B** bis 1,2 m | **BLÜTEZEIT** ab 9

**AUSSEHEN:** Stattliches, laubabwerfendes, horstbildendes Gras mit aufrechten Sprossen und schmalen, malerisch angeordneten Halmen mit weißen Rändern, die ein wahrhaftes, silbriges Leuchten ins Beet zaubern. Für mich die beste und vor allem standhafteste Sorte. Im Herbst erscheinen die Blütenrispen und bereichern den Garten den ganzen Winter über. Pure Magie!
**STANDORT:** Gedeiht in fast allen durchlässigen Böden in voller Sonne.
**PFLEGE:** In niederschlagsreichen Gegenden im Herbst zusammenbinden. Wichtig ist der rechtzeitige Rückschnitt im Spätwinter oder zeitigen Frühjahr.
**VERMEHREN:** Etablierte Exemplare erfordern bei der Teilung unmenschliche Kräfte, aber mit dem Pickel lassen sich im Frühjahr am Rand Teilstücke entfernen.
**GUTE PARTNER:** *Aster × frikartii* 'Mönch', *Rosa* 'Geranium', *Verbascum* 'Helen Johnson', *Crocosmia* 'Lucifer', *Echinacea purpurea, Rhus × pulvinata* 'Red Autumn Lace', *Helianthus* 'Lemon Queen', *Phlomis russeliana, Perovskia atriplicifolia.*

*Muhlenbergia capillaris*
## Tropfensame, Rosa Haargras

**H** bis 1 m | **B** bis 1 m | **BLÜTEZEIT** 9–11

**AUSSEHEN:** Dichtbüscheliges, erst unscheinbares Gras mit drahtigen, mittelgrünen, linealen Blättern. Es verwandelt sich ab dem Spätsommer/Herbst in eine rosa Wolke, die an Zuckerwatte erinnert. Kein Solist, aber en masse ein Traum!
**STANDORT:** Mäßig nährstoffreicher, wasserdurchlässiger Boden in voller Sonne. Wärmeliebend!
**PFLEGE:** Im zeitigen Frühjahr vor dem Neuaustrieb mit den Fingern auskämmen und alte Blütenstände entfernen.
**VERMEHREN:** Aussaat bei 13–16 °C oder Teilung im Frühjahr.
**GUTE PARTNER:** *Sedum* 'Matrona', *Sedum* 'Strawberries and Cream', *Calamagrostis acutiflora* 'Karl Foerster', *Pennisetum alopecuroides* 'Cassian', *Phormium* 'Duet', *Symphyotrichum ericoides, Cercis canadensis* 'Forest Pansy', *Euonymus alatus, Cotinus coggygria* 'Royal Purple', *Callicarpa bodinieri* var. *giraldii* 'Profusion', *Aster × frikartii* 'Mönch', *Euphorbia myrsinites, Euphorbia characias.*

*Nasella tenuissima*

## Federgras

**H** bis 60 cm | **B** 30 cm | **BLÜTEZEIT** 6–8

**AUSSEHEN:** Büscheliges, ausdauerndes Gras mit zarten, haargleichen, hellgrünen Halmen, die sich in der feinsten Brise wiegen. Im Frühsommer erscheinen nickende, weiche, bis 30 cm lange Rispen, die erst grünlich, später silbrig sind. Ein Garten ohne Federgras ist ein Irrtum!
**STANDORT:** Das wärmeliebende Gras bevorzugt mäßig fruchtbare, keinesfalls schwere Böden in voller Sonne und sät sich auch im Kies aus.
**PFLEGE:** Horste im zeitigen Frühjahr mit den Fingern auskämmen.
**VERMEHREN:** Von Mitte Frühling bis Frühsommer teilen oder die Samen im Frühjahr in Töpfen aussäen.
**GUTE PARTNER:** *Teucrium hircanicum, Allium sphaerocephalon, Euphorbia myrsinites, Eryngium planum* 'Blaukappe', *Achillea* 'Hannelore Pahl', *Echinacea tennesseensis* 'Rocky Top Hybriden', *Oenothera lindheimeri* 'Summer Breeze', *Kniphofia galpinii* 'St. Gallen', *Nepeta grandiflora* 'Wild Cat', *Origanum laevigatum* 'Rosenkuppel'.

*Pennisetum alopecuroides* 'Moudry'

## Lampenputzergras

**H** bis 90 cm | **B** bis 90 cm | **BLÜTEZEIT** 8–11

**AUSSEHEN:** Horstbildendes Gras mit breiten, mittelgrünen Blättern. In warmen Gegenden öffnen sich die atemberaubenden, purpurvioletten Blütenbürstchen bereits ab August. Unschlagbar auch im Winter, da die Blüten lange halten und im Frost und Schnee allerliebst aussehen.
**STANDORT:** Leichter, mässig fruchtbarer, durchlässiger Boden in voller Sonne.
**PFLEGE:** Bodennaher Rückschnitt im zeitigen Frühjahr.
**VERMEHREN:** Im späten Frühling teilen.
**GUTE PARTNER:** *Helianthus* 'Lemon Queen', *Acanthus hungaricus, Verbena bonariensis, Rudbeckia triloba, Symphyotrichum ericoides* 'Pink Cloud', *Aster ageratoides* 'Asran', *Pennisetum orientale* 'Tall Tails', *Pennisetum purpureum* 'First Knight', *Anthriscus sylvestris* 'Ravens Wing', *Sedum* 'Beth's Special', *Eryngium agavifolium, Molopospermum peloponnesiacum, Aster pyrenaeus* 'Lutetia'.
**TIPP:** 'Moudry' braucht lange, warme Sommer, um zu blühen. In kühleren Lagen lieber auf die Sorte 'Cassian' ausweichen.

*Stipa gigantea*

## Riesen-Federgras

**H** bis 2,5 m | **B** 1,2 m | **BLÜTEZEIT** 6–8

**AUSSEHEN:** Dichtbüscheliges, immergrünes Gras mit feinen, linealen, bis 70 cm langen Blättern. Im Sommer öffnen sich zierliche, silbrige, purpurgrüne Ährchen an langen überhängenden Rispen, die an Hafer erinnern und später goldfarben ausreifen.
**STANDORT:** Das aus Spanien und Portugal stammende Gras schätzt einen warmen Standort in voller Sonne und mäßig fruchtbare, durchlässige Böden.
**PFLEGE:** Ausputzen der verblühten Halme, wenn diese unansehnlich werden.
**VERMEHREN:** Von Mitte Frühling bis Frühsommer teilen oder die Samen im Frühjahr in Töpfen aussäen.
**GUTE PARTNER:** *Veronica spicata* 'Silberteppich', *Allium christophii, Echinops ritro* 'Veitch's Blue', *Echinacea* 'Fragrant Angel' , *Sedum* 'Matrona', *Orlaya grandifora, Achillea filipendulina, Verbena bonariensis, Asphodeline lutea, Ammi visnaga* 'Green Mist', *Aster linosyris, Nepeta racemosa* 'Superba', *Salvia nemorosa* 'Amethyst', *Scabiosa ochroleuca*.

*Allium sphaerocephalon*
## Kugel-Lauch

**H** bis 90 cm | **B** 8 cm | **BLÜTEZEIT** 5–6

**AUSSEHEN:** Zierlauch mit linealen, bis 35 cm langen Blättern und eiförmigen Blüten, die aus einer Vielzahl von kleinen, purpurnen Glöckchen bestehen. Insektenmagnet! Auch der Samenstand bleibt lange ansehnlich.
**STANDORT:** Gut durchlässiger, fruchtbarer Boden in voller Sonne. In ärmeren Böden bleiben die Blüten niedrig.
**PFLEGE:** Samenstände entfernen, wenn sie unansehnlich werden, oder spätestens im zeitigen Frühjahr.
**VERMEHREN:** Samen bei Reife oder im Frühjahr aussäen oder im Herbst Tochterzwiebeln nehmen.
**GUTE PARTNER:** *Eryngium planum* 'Blauer Zwerg', *Bupleurum rotundifolium, Oenothera lindheimeri, Nasella tenuissima, Viola cornuta, Allium christophii, Stachys byzantina, Euphorbia dulcis* 'Chameleon', *Deschampsia cespitosa* 'Goldtau', *Eremurus stenophyllus, Nepeta × fassenii, Geranium sanguineum, Verbena hastata, Salvia nemorosa, Briza media, Rubus thibetanus.*

*Allium christophii*
## Sternkugel-Lauch

**H** bis 60 cm | **B** bis 20 cm | **BLÜTEZEIT** 6–7

**AUSSEHEN:** Architektonische, anspruchslose Zwiebelpflanze aus der Türkei und Zentralasien. Das Laub ist graugrün und riemenförmig, stirbt aber vor der Blüte ab, was man bei der Pflanzung bedenken sollte. Darüber schweben eindrückliche Dolden mit bis zu 50 sternförmigen, rosavioletten Blüten, die einen metallischen Hauch haben. Ein filigraner, bis in den Herbst und Winter anhaltender Traum! Insektenmagnet.
**STANDORT:** Gut durchlässiger, fruchtbarer Boden in voller Sonne.
**PFLEGE:** Samenstände entfernen, wenn sie unansehnlich werden, oder spätestens im zeitigen Frühjahr.
**VERMEHREN:** Samen bei Reife oder im Frühjahr aussäen oder im Herbst Tochterzwiebeln nehmen.
**GUTE PARTNER:** *Nigella damascena,* 'Miss Jekyll', *Geranium sanguineum* 'Patricia', *Artemisia arborescens* 'Powis Castle', *Lavandula × intermedia, Nasella tenuissima, Anthemis tinctoria* 'Sauce hollandaise', *Iris* 'Before the storm', *Origanum vulgare* 'Golden Shine', *Nepeta racemosa* 'Superba', *Festuca glauca.*

*Asclepias tuberosa*
## Knollige Seidenpflanze

**H** bis 90 cm | **B** 30 cm | **BLÜTEZEIT** 7–9

**AUSSEHEN:** Frostharte, knollige, behaarte Staude mit kräftigen Trieben und spiralig angeordneten, lanzettlichen Blättern. Lebhaft orangerote Blüten öffnen sich ab dem Hochsommer in doldenartigen Cymen und verleihen dem Beet einen exotischen Hauch. Insektenmagnet. Sehr attraktiver Samenstand.
**STANDORT:** Fruchtbare, gut durchlässige, lehmige Böden in voller Sonne.
**PFLEGE:** Rückschnitt von Verblühtem im Spätwinter oder zeitigen Frühjahr.
**VERMEHREN:** Im Frühjahr teilen oder aussäen.
**GUTE PARTNER:** *Echinacea pallida, Echinacea purpurea, Nasella tenuissima, Perovskia atriplicifolia, Nepeta racemosa* 'Superba', *Salvia nemorosa* 'Caradonna', *Helictotrichon sempervirens, Eragrostis curvula, Verbena bonariensis, Verbena rigida, Miscanthus sinensis* 'Yakushima Dwarf', *Allium christophii, Allium sphaerocephalon, Anaphalis triplinervis* 'Silberregen', *Aster amellus* 'Rudolf Goethe', *Eryngium planum* 'Blaukappe', *Euphorbia seguieriana* subsp. *niciciana.*
**TIPP:** Perfekt für wilde Gärten und exotische Rabatten.

*Chionodoxa forbesii* 'Blue Giant'

## Blauer Schneeglanz

**H** bis 20 cm | **B** 3 cm | **BLÜTEZEIT** 3–4

**AUSSEHEN:** Zwiebelpflanze mit breiten, meist aufrechten Blättern. Im zeitigen Frühling öffnen sich blaue Sterne mit weißem Auge an traubenartigen Blütenständen. Die Sorte 'Pink Giant' blüht rosa.
**STANDORT:** Gut durchlässiger Boden in Sonne oder Halbschatten.
**PFLEGE:** Keine.
**VERMEHREN:** Samen bei Reife im Kalten Kasten aussäen.
**GUTE PARTNER:** *Euphorbia myrsinites, Euphorbia rigida, Aubrieta, Narcissus tazetta, Ranunculus ficaria* 'Coffee Cream', *Festuca glauca, Stachyurus praecox, Crocus* 'E.A. Bowles', *Crocus flavus, Tulipa biflora, Tulipa violacea, Narcissus* 'Tête-à-tête', *Muscari botryoides* fo. *album, Ophiopogon planiscapus* 'Nigrescens', *Cyclamen coum, Helleborus* × *hybridus, Eranthis hyemalis, Erica carnea* 'Springwood White', *Viola odorata, Primula veris, Tulipa clusiana, Magnolia stellata* 'Waterlily'.

*Crocus* 'Cream Beauty'

## Kleiner Krokus

**H** 7 cm | **B** 5 cm | **BLÜTEZEIT** 2–4

**AUSSEHEN:** Kompakter, kräftiger Krokus mit cremefarbenen Blütenkelchen, deren Schlund goldgelb leuchtet und Hummeln in Massen anzieht.
**STANDORT:** Armer bis mäßig fruchtbarer, durchlässiger Boden in Sonne oder Halbschatten.
**PFLEGE:** Keine.
**VERMEHREN:** Samen bei Reife sofort geschützt im Kalten Kasten aussäen. Leichter geht es, wenn man in der Ruhephase Tochterknollen entfernt.
**GUTE PARTNER:** *Crocus vernus* 'Purpureus Grandiflorus', *Crocus tommasinianus* 'Ruby Giant', *Cornus alba* 'Aurea', *Galanthus nivalis, Helleborus* × *hybridus, Helleborus foetidus, Cyclamen coum* fo. *pallidum, Ajuga reptans* 'Black Scallop', *Viola cornuta.*
**TIPP:** Andere empfehlenswerte Sorten sind 'Blue Pearl', 'Vanguard', 'Ladykiller', 'Zwanenburg Bronze'. Perfekt für Kies-, Steingärten, aber auch zum Verwildern oder in gemischten Rabatten. Wo Amseln die Blüten massakrieren, blaue Sorten vorziehen.

*Cyclamen hederifolium*

## Herbst-Alpenveilchen

**H** bis 15 cm | **B** bis 15 cm | **BLÜTEZEIT** 9–11

**AUSSEHEN:** Knollenpflanze mit variablen dreieckigen bis herzförmigen, dunkelgrünen, marmorierten Blättern mit purpurgrüner Unterseite. Ab September öffnen sich rosafarbene, bescheiden nickende Blüten noch vor dem Laubaustrieb. Bis man einen Alpenveilchen-Teppich sein Eigen nennen darf, ist Geduld gefragt, aber sie lohnt sich – der Anblick ist schlichtweg umwerfend!
**STANDORT:** Mäßig fruchtbare, gut durchlässige, humose Erde im Halbschatten unter Bäumen oder Sträuchern.
**PFLEGE:** In Gegenden mit anhaltendem Frost mit einem tiefen Mulch abdecken.
**VERMEHREN:** Samen bei Reife im Dunkeln bei 6–12 °C aussäen. Die besten Verbündeten bei der Vermehrung sind die Ameisen.
**GUTE PARTNER:** *Arum italicum* 'Marmoratum', *Euonymus alatus, Euonymus europaeus* 'Red Cascade', *Ophiopogon planiscapus* 'Nigrescens', *Liriope muscari.*
**TIPP:** Alpenveilchen gedeihen am besten an ungestörten Plätzen. *Cyclamen coum* verlängert den Blütenreigen in den Frühling hinein.

*Fritillaria acmopetala*
## Schachblume

**H** bis 40 cm | **B** 5–8 cm | **BLÜTEZEIT** 4–5

**AUSSEHEN:** Anmutiger Frühjahrsblüher mit wechselständigen, linealen Blättern und glockenförmigen, hängenden, blassgrünen Blüten, deren Ränder sich wie bei einem Rock nach oben wölben. Die Blüten weisen unregelmäßige, rotbraune, zarte Maserungen auf. Ein entzückender Zwerg, für dessen Schönheit man sich schon mal auf alle Viere begeben darf!
**STANDORT:** Fruchtbare, gut wasserdurchlässige Böden in voller Sonne.
**PFLEGE:** Keine.
**VERMEHREN:** Samen im Herbst im Kalten Kasten säen. Sie benötigen Winterkälte zum Keimen. Im Spätsommer Tochterzwiebeln abtrennen und pflanzen.
**GUTE PARTNER:** *Euphorbia polychroma, Euphorbia rigida, Salvia officinalis* 'Aurea', *Stachys byzantina* 'Primrose Heron', *Scilla sibirica, Narcissus* 'Mount Hood', *Narcissus* 'Baby Moon', *Fritillaria verticillata, Allium moly, Euphorbia characias.*

*Gladiolus italicus*
## Saat-Siegwurz

**H** bis 90 cm | **B** 8 cm | **BLÜTEZEIT** 5–6

**AUSSEHEN:** Grazile Blume mit schwertförmigen Blättern und lockeren Ähren mit 5–15 trichterförmigen Blüten, deren Farbe von kräftigem Rosa bis Magenta variieren kann.
**STANDORT:** Die Südeuropäerin gedeiht besonders in Gegenden mit trockenen, heißen Sommern und schätzt fruchtbare, gut durchlässige Erde in voller Sonne.
**PFLEGE:** Verblühtes nach dem Absterben abschneiden.
**VERMEHREN:** Samen bei 15 °C im Frühling aussäen oder in der Ruhephase junge Rhizomknollen abtrennen.
**GUTE PARTNER:** *Nasella tenuissima, Cistus × purpureus, Phormium* 'Bronze Baby', *Geranium sanguineum, Lychnis coronaria, Stipa calamagrostis* 'Allgäu', *Allium atropurpureum, Allium sphaerocephalon, Nectaroscordum siculum* subsp. *bulgaricum, Allium* 'Purple Sensation', *Smyrnium perfoliatum, Eremurus × isabellinus* 'Pinokkio', *Leucanthemum vulgare, Calamintha nepeta, Calamagrostis × acutiflora* 'Karl Foerster'.
**TIPP:** Eine sehr gute Alternative ist die Gewöhnliche Siegwurz (*Gladiolus communis* subsp. *byzantinus*).

*Muscari latifolium*
## Breitblättrige Traubenhyazinthe

**H** bis 20 cm | **B** 5 cm | **BLÜTEZEIT** 5–6

**AUSSEHEN:** Zwiebelblume mit lanzettlichem Laub und traubenförmigen Blüten, die unten violettschwarz sind, sich nach oben hin verengen und eine hell gefärbte „Mütze" tragen. Das Laub wölbt sich wie ein schützender Mantel um die ganze Blüte.
**STANDORT:** Mäßig fruchtbarer Boden in Sonne oder Halbschatten.
**PFLEGE:** Keine.
**VERMEHREN:** Im Herbst aussäen oder im Sommer Tochterzwiebeln abnehmen.
**GUTE PARTNER:** *Narcissus* 'Tête-à-tête', *Pulmonaria* 'Sissinghurst White', *Euphorbia myrsinites, Euphorbia polychroma* 'Candy', *Cyclamen coum* fo. *pallidum* 'Album', *Crocus chrysanthus* 'Prins Claus', *Primula vulgaris, Primula veris, Euphorbia dulcis, Narcissus* 'Jack Snipe', *Anemone nemorosa* 'Robinsoniana', *Euphorbia myrsinites, Euphorbia rigida, Vinca minor, Chionodoxa* 'Pink Giant', *Viola odorata, Tulipa whittallii, Fritillaria verticillata, Tulipa* 'Red Riding Hood', *Nasella tenuissima.*

*Narcissus tazetta* 'Geranium'

## Echte Tazette

**H** bis 35 cm | **B** 10 cm | **BLÜTEZEIT** 4–5

**AUSSEHEN:** Am endlos scheinenden Firmament des Narzissenangebots scheint diese Sorte wie ein leuchtender Stern! Standfest, unkompliziert und anspruchslos zaubert 'Geranium' jedes Frühjahr treu an jedem Trieb bis zu sechs duftende, weiße Blüten mit orangeroten Nebenkronen hervor. Auch ein Star in der Vase, wenn man sich überwinden kann, die Schöne abzuschneiden.

**STANDORT:** Mäßig fruchtbare, gut durchlässige Böden in voller Sonne.

**PFLEGE:** Samenkapseln entfernen, Laub vollständig einziehen lassen. Ich verwöhne meine zur Blütezeit einmal mit einem Schwapp Volldünger.

**VERMEHREN:** Im Frühsommer nach dem Abwelken Tochterzwiebeln abnehmen.

**GUTE PARTNER:** *Chionodoxa* 'Blue Giant', *Rosa moyesii* 'Geranium', *Myosotis sylvatica, Epimedium × versicolor, Muscari armeniacum, Euphorbia characias, Helleborus foetidus.*

**TIPP:** Alle Tazetta-Sorten gedeihen auf trockenen Böden.

*Nectaroscordum siculum* subsp. *bulgaricum*

## Bulgarischer Honiglauch

**H** bis 1,2 m | **B** 10 cm | **BLÜTEZEIT** 5–6

**AUSSEHEN:** Kräftige Zwiebelpflanze mit dickem Stängel, über dem 10–30 glockenförmige, zart aprikosenfarbene Blüten schweben, die rosa oder purpurn gestreift sind.

**STANDORT:** Mäßig fruchtbare, durchlässige Böden in Sonne oder Halbschatten.

**PFLEGE:** Keine.

**VERMEHREN:** Im Herbst oder Frühling aussäen oder im Sommer Tochterzwiebeln abnehmen.

**GUTE PARTNER:** *Allium* 'Purple Sensation', *Allium christophii, Allium atropurpureum, Stipa gigantea, Nasella tenuissima, Verbena bonariensis, Papaver orientale* 'Cédric Morris', *Aquilegia* 'Snow Queen', *Digitalis ferruginea, Eremerus × isabellinus* 'Cleopatra', *Nepeta racemosa* 'Walker's Low', *Iris* 'Magic Man', *Geranium sanguineum* 'Tiny Monster', *Deschampsia cespitosa, Orlaya grandiflora, Foeniculum vulgare* 'Purpureum'.

**TIPP:** Versamt sich an zusagenden Standorten willig.

*Scilla siberica* 'Spring Beauty'

## Sibirischer Blaustern

**H** bis 20 cm | **B** 5 cm | **BLÜTEZEIT** 3–4

**AUSSEHEN:** Zwiebelpflanze mit halb aufrechtem, breit linealem Laub und blauen Blütentrauben, die schon von Weitem leuchten und einem ein Lächeln aufs Gesicht zaubern.

**STANDORT:** Mäßig fruchtbarer, humusreicher und durchlässiger Boden in Sonne oder Halbschatten.

**PFLEGE:** Keine.

**VERMEHREN:** Nach der Samenreife aussäen oder in der Ruhezeit Tochterzwiebeln abnehmen.

**GUTE PARTNER:** *Eranthis hyemalis, Anemone blanda* 'White Splendour', *Adiantum aleuticum, Euphorbia polychroma, Euphorbia myrsinites, Lamium maculatum* 'White Nancy', *Pulmonaria* 'Sissinghurst White', *Crocus* 'Cream Beauty', *Euphorbia dulcis* 'Chameleon', *Narcissus* 'Jack Snipe', *Narcissus* 'Tête-à-tête', *Ranunculus ficaria, Puschkinia scilloides, Scilla siberica 'Alba', Galanthus nivalis, Cornus alba* 'Sibirica', *Erica carnea, Stachys byzantina* 'Primrose Heron', *Crocus* 'Gipsy Girl', *Helleborus × hybridus.*

**TIPP:** Eignet sich gut zum Auswildern.

*Sternbergia lutea*

## Gelber Goldkrokus

**H** 15 cm | **B** 8 cm | **BLÜTEZEIT** 9–10

**AUSSEHEN:** Ein sonniges, liebenswertes Geschöpf, welches ab September dunkelgelbe Blütenkelche produziert. Das lanzettliche Laub ist kräftig und ebenfalls hübsch anzusehen. Eine wunderbare Art, den Herbst einzuläuten! Insektenmagnet.
**STANDORT:** Sehr gut durchlässiger, mäßig fruchtbarer Boden in voller Sonne.
**PFLEGE:** Keine.
**VERMEHREN:** In der Ruhezeit Tochterzwiebeln vereinzeln und 15 cm tief pflanzen. Die Pflanzen werden nur geteilt, wenn die Blühfreudigkeit nachlässt. Reife Samen bei 13–16 °C aussäen.
**GUTE PARTNER:** *Crocus goulimyi, Colchicum autumnale, Aster pyrenaeus* 'Lutetia', *Symphyotrichum ericoides* fo. *prostratum* 'Snow Flurry', *Festuca glauca, Crocus sativus, Crocus pulchellus, Viola cornuta, Muscari latifolium.*
**TIPP:** An zusagenden Standorten bildet der Gelbe Goldkrokus schöne Kolonien. Perfekt als Unterpflanzung von Sträuchern und für den Kies- oder Steingarten.

*Tulipa clusiana*

## Damen-Tulpe

**H** bis 30 cm | **B** 8 cm | **BLÜTEZEIT** 4–5

**AUSSEHEN:** Sie ist lieblich, elegant und gleichzeitig von wildem Charme, und gedeiht auch in schlechten Böden gut. Das lineale, graugrüne Laub ist bereift und die sternförmigen Blüten sind innen weiß, außen rosa gestreift mit purpurnem Zentrum und Staubblättern.
**STANDORT:** Fruchtbare, sehr gut durchlässige Böden in Sonne oder Halbschatten.
**PFLEGE:** Samenkapseln entfernen, Laub einziehen lassen. Im Sommer trocken halten.
**VERMEHREN:** Im Herbst im Kalten Kasten oder Gewächshaus aussäen. Sämlinge kommen erst nach 4–7 Jahren zur Blüte. Tochterzwiebeln können im Sommer entnommen und gepflanzt werden.
**GUTE PARTNER:** *Cercis chinensis* 'Avondale', *Cercidiphyllum japonicum, Muscari armeniacum, Myosotis sylvatica, Aquilegia* 'Black Barlow', *Aubrieta, Stachys byzantina* 'Big Ears', *Chionodoxa* 'Pink Giant', *Anemone blanda* 'White Splendour'.
**TIPP:** *Tulipa clusiana* var. *chrysantha* ist gelb-rosa, 'Peppermint Stick' ist kräftiger gefärbt, 'Cynthia' verbindet ein zartes Gelb mit Rosarot.

*Tulipa whittallii*

## Feuer-Tulpe

**H** 35 cm | **B** 8 cm | **BLÜTEZEIT** 4

**AUSSEHEN:** Heißblütige Südeuropäerin mit hübschen lanzettlichen Blättern und bis zu vier sternförmigen, leuchtend bronzeorangefarbenen Blüten pro Stiel. Am Grund der Blüte ist ein schwarzer Fleck mit grüngelbem Rand, aus dem purpurne Staubfäden herauswinken.
Ein Muss für jeden Garten!
**STANDORT:** Fruchtbare, sehr gut durchlässige Böden in Sonne oder Halbschatten.
**PFLEGE:** Samenkapseln entfernen, Laub einziehen lassen. Im Sommer trocken halten.
**VERMEHREN:** Im Herbst im Kalten Kasten oder Gewächshaus aussäen. Sämlinge kommen erst nach 4–7 Jahren zur Blüte. Tochterknollen können im Sommer entnommen und gepflanzt werden.
**GUTE PARTNER:** *Chionodoxa* 'Blue Giant', *Euphorbia polychroma, Scilla siberica* 'Spring Beauty', *Euphorbia dulcis* 'Chameleon', *Fritillaria pyrenaica, Muscari latifolium, Nasella tenuissima, Festuca glauca.*

*Bulbine frutescens*
## Bulbine

**H** bis 40 cm | **B** bis 40 cm | **BLÜTEZEIT** 5–10

**AUSSEHEN:** Diese Südafrikanerin ist bei uns nicht frosthart, aber ein solch anspruchsloser Dauerblüher, dass sie einen Platz in unseren Gärten verdient. Verzweigte Sukkulente mit lanzettlichen, blaugrünen, 5–25 cm langen Blättern. Ab dem späten Frühjahr entstehen ununterbrochen Trauben mit sternförmigen, orange-gelben Blüten. In milden Jahren blüht sie weit in den Herbst hinein.
**STANDORT:** Leichter, mäßig fruchtbarer, durchlässiger Boden in voller Sonne.
**PFLEGE:** Regelmäßig Verblühtes auszupfen.
**VERMEHREN:** Während die Pflanze nach außen hin wächst, bilden sich Luftwurzeln. Einfach Teilstücke mit Wurzel abmachen und eintopfen. So sichert man sich den Nachwuchs für das nächste Jahr. Frostfrei überwintern!
**GUTE PARTNER:** *Nasella tenuissima, Pennisetum alopecuroides* 'Cassian', *Cerinthe major* 'Purpurascens', *Nigella damascena, Verbena rigida, Festuca glauca, Osteospermum, Eschscholzia californica, Allium sphaerocephalon, Cosmos sulphureus, Lavandula × intermedia, Cistus × florentinus.*

*Centaurea cyanus*
## Kornblume

**H** bis 80 cm | **B** 15 cm | **BLÜTEZEIT** 5–8

**AUSSEHEN:** Einjährige mit lanzettlichen, im unteren Bereich fiederspaltigen Blättern und knallblauen Blütenköpfchen. Früher stand die Kornblume vielerorts im Duett mit Klatschmohn in den Feldern. Heutzutage leider ein seltener Anblick.
**STANDORT:** Gut dränierte Böden in voller Sonne.
**PFLEGE:** Keine.
**VERMEHREN:** Im Frühling oder im Frühherbst in situ säen, um eine Störung der Wurzel zu vermeiden.
**GUTE PARTNER:** *Eschscholzia californica, Papaver rhoeas, Nasella tenuissima, Hordeum jubatum, Calendula officinalis, Euphorbia rigida, Euphorbia myrsinites, Linum grandiflorum, Cosmos bipinnatus, Digitalis purpurea, Anthemis tinctoria* 'E.C. Buxton', *Ammi visnaga, Geranium sanguineum, Geranium cinereum* 'Ballerina', *Allium christophii, Echinops ritro* 'Veitch's Blue', *Buphtalmum salicifolium, Asphodeline lutea, Allium flavum, Phlomis purpurea.*

*Cerinthe major* 'Purpurascens'
## Große Wachsblume

**H** bis 60 cm | **B** 30 cm | **BLÜTEZEIT** 4–6

**AUSSEHEN:** Diese charmante Zweijährige (in kaltem Klima Einjährige) bezaubert mit ihren fleischigen, spatelförmigen, graugrünen und blau angehauchten Blättern, die an überhängenden, verzwirbelten Trieben stehen und sich ab dem Frühling mit purpurnen Röhrenblüten schmücken, in die Hummeln & Co. verzückt abtauchen.
**STANDORT:** Die Wachsblume kommt aus dem Mittelmeerraum und bevorzugt karge, durchlässige Böden in Sonne oder Halbschatten.
**PFLEGE:** Nach der Blüte ausreißen. Sie versamt sich an passenden Plätzen freudig und keimt je nach Feuchtigkeit ab dem Spätsommer, um im nächsten Frühjahr wieder zu blühen.
**VERMEHREN:** Je nach Lage ist eine Aussaat im Frühling bei 13–18 °C vorzuziehen.
**GUTE PARTNER:** *Euphorbia rigida, Festuca glauca, Eschscholzia californica, Euphorbia characias* 'Black Pearl', *Miscanthus sinensis* 'Kleine Fontäne', *Tulipa sprengeri, Papaver somniferum* var. *paeoniflorum* 'Bombast Red', *Digitalis purpurea, Ophiopogon planiscapus* 'Nigrescens'.

*Digitalis purpurea*
## Roter Fingerhut

**H** bis 2 m | **B** bis 60 cm | **BLÜTEZEIT** 5–6

**AUSSEHEN:** Rosettenbildende Zweijährige, manchmal auch kurzlebige Staude mit eiförmig-lanzettlichen Blättern und hohen Blütenkerzen, an denen rosa, purpurne oder weisse Blüten nach einer Seite angeordnet sind. Jede Blüte hat innen eine faszinierende Zeichnung, als habe ein Maler dort mit goldener oder purpurner Farbe ein Muster gezeichnet. Auch die Hummeln sind fasziniert und stecken lustvoll ihr Köpflein in die Blüten.
**STANDORT:** Humoser, durchlässiger Boden in Sonne oder Halbschatten.
**PFLEGE:** Verblühtes rechtzeitig entfernen, wenn man nicht möchte, dass er sich zu stark versamt.
**VERMEHREN:** Samen im späten Frühjahr in situ säen.
**GUTE PARTNER:** *Verbascum* 'Cotswold Beauty', *Sambucus nigra* 'Guincho Purple', *Rosa moyesii* 'Highdownensis', *Hesperis matronalis, Orlaya grandiflora, Anthriscus sylvestris, Stipa gigantea, Calamagrostis varia, Papaver orientale* 'Cedric Morris', *Papaver somniferum, Allium* 'Purple Sensation', *Eremurus, Digitalis lutea, Salvia nemorosa* 'Tänzerin'.

*Eschscholzia californica*
## Kalifornischer Kappenmohn

**H** bis 30 cm | **B** bis 15 cm | **BLÜTEZEIT** 6–8

**AUSSEHEN:** Mattenbildende Einjährige mit filigranem, blaugrünem Laub, die den Sommer über je nach Sorte zahlreiche orange, aber auch rote, gelbe oder weiße Blüten hervorbringt.
**STANDORT:** Die gebürtige Kalifornierin gedeiht auf armen, gut wasserdurchlässigen Böden in voller Sonne.
**PFLEGE:** Keine.
**VERMEHREN:** Samen in situ im mittleren Frühjahr oder Frühherbst säen. Versamt sich an zusagenden Standorten willig.
**GUTE PARTNER:** *Nigella damascena, Cerinthe major* 'Purpurascens', *Hordeum jubatum, Crambe maritima, Aquilegia vulgaris, Festuca glauca, Iris* 'Autumn Jester', *Euphorbia myrsinites, Verbena rigida, Salvia nemorosa* 'Blauhügel', *Linum perenne, Penstemon heterophyllus.*
**TIPP:** Perfekt für Kies- oder Steingärten. 'Alba' blüht cremeweiß, 'Dali' scharlachrot und bei der 'Thai Silk Serie' finden sich verschiedene Farben und auch halbgefüllte Blüten.

*Lunaria annua*
## Silberblatt

**H** bis 90 cm | **B** bis 30 cm | **BLÜTEZEIT** 5–6

**AUSSEHEN:** Ein- oder Zweijährige mit ei- oder herzförmigen, gesägten Blättern. Ab dem Spätfrühling erscheinen duftende, gewöhnlich violette, aber auch weiße Blütentrauben. Später entwickeln sich ungewöhnliche, sehr attraktive, durchscheinende Schoten, in denen sich das Gärtnerglück des nächsten Jahres verbirgt.
**STANDORT:** Jeder nährstoffreiche, durchlässige Boden in Sonne oder Halbschatten.
**PFLEGE:** Keine.
**VERMEHREN:** Im Frühsommer in situ aussäen.
**GUTE PARTNER:** *Myosotis sylvatica, Tulipa tarda, Tulipa biflora, Tulipa whittallii, Papaver nudicaule, Hyacinthoides non-scripta, Bergenia cordifolia, Allium* 'Globemaster', *Hesperis matronalis* var. *albiflora, Crambe cordifolia, Euphorbia characias, Aquilegia vulgaris* 'Nivea', *Nepeta racemosa* 'Walker's Low', *Euphorbia polychroma, Leucanthemum vulgare.*
**TIPP:** Die Sorte 'Variegata' hat panaschiertes Laub.

*Nigella damascena*

## Jungfer im Grünen

**H** bis 50 cm | **B** 20 cm | **BLÜTEZEIT** 6–8

**AUSSEHEN:** Einjährige mit filigranem, hellgrünem, fiederspaltigem Laub und endständigen, blassblauen Blüten, die an eine Halskrause aus feiner Spitze erinnern. Mindestens so schön wie die Blüten sind die langlebigen Samenkapseln.
**STANDORT:** Jeder wasserdurchlässige Boden in voller Sonne.
**PFLEGE:** Entfernen, sobald sie nicht mehr ansehnlich sind.
**VERMEHREN:** Mitte Frühjahr in situ aussäen.
**GUTE PARTNER:** *Achillea* 'Moonshine', *Allium christophii, Allium sphaerocephalon, Rosa* 'Ballerina', *Nasella tenuissima, Deschampsia cespitosa, Cotinus coggygria, Oenothera biennis, Onopordum nervosum, Eryngium × tripartitum, Geranium sanguineum, Geranium renardii, Papaver rhoeas, Papaver somniferum, Sisyrinchium striatum* 'Variegatum', *Papaver orientale* 'Tango', *Alchemilla mollis, Consolida ajacis, Linum grandiflorum, Poncirus trifoliata, Perovskia atriplicifolia, Festuca glauca, Euphorbia polychroma, Sedum* 'Jose Aubergine'.

*Papaver rhoeas*

## Klatsch-Mohn

**H** bis 90 cm | B bis 30 cm | Blütezeit 5–7

**AUSSEHEN:** Aufrechte, schwach verzweigte, behaarte Blume mit gefiedertem, hellgrünem Laub, schüsselförmigen, seidenen, meist blutroten Blüten, deren Basis manchmal schwarz gepunktet ist. Die einzelnen Blüten sind zwar von flüchtiger Schönheit, jedoch lassen sie niemanden unberührt.
**STANDORT:** Tiefer, fruchtbarer, wasserdurchlässiger Boden in voller Sonne.
**PFLEGE:** Nach dem Verblühen/Versamen entfernen.
**VERMEHREN:** Im Frühling in situ aussäen.
**GUTE PARTNER:** *Eschscholzia californica, Centaurea cyanus, Papaver somniferum, Stachys byzantina, Leucanthemum vulgare, Ammi majus, Orlaya grandiflora, Phacelia tanacetifolia, Allium sphaerocephalon, Rosa* 'Mozart', *Salvia sclarea* var. *turkestanica, Calendula officinalis, Hordeum jubatum, Artemisa ludoviciana* 'Silver Queen', *Briza maxima.*
**TIPP:** Empfehlenswert sind die Sorten 'Mother of Pearl Group' und 'Angels' Choir Group' (siehe Bild). *Papaver somniferum* gedeiht unter denselben Bedingungen und bringt tolle Samenkapseln hervor. Beide Arten versamen sich reichlich.

*Tithonia rotundifolia* 'Torch'

## Mexikanische Tithonie

**H** bis 2 m | **B** 30 cm | **BLÜTEZEIT** 7–9

**AUSSEHEN:** Kräftige, hohe, verzweigte und wärmebedürftige Einjährige mit gesägten Blättern und temperamentvollen, orangefarbenen, bis 8 cm breiten Blüten, die einfach blühenden Dahlien ähneln.
**STANDORT:** Gut durchlässige, mäßig fruchtbare Böden in voller Sonne. Vor starken Winden geschützt pflanzen.
**PFLEGE:** Verblühtes regelmäßig entfernen, um eine lange Blütezeit zu fördern.
**VERMEHREN:** Mitte bis Ende Frühling bei 13–18 °C aussäen und nach den Eisheiligen auspflanzen.
**GUTE PARTNER:** *Verbena bonariensis, Asclepias tuberosa, Crocosmia* 'Lucifer', *Ipomoea lobata, Euphorbia characias, Stipa gigantea, Nasella tenuissima, Eryngium planum, Helianthus* 'Lemon Queen', *Berberis thunbergii* fo. *atropurpurea, Perovskia atriplicifolia, Nepeta* 'Six Hills Giant', *Acanthus mollis, Foeniculum vulgare* 'Purpureum', *Nigella damascena, Verbena hastata.*

*Acanthus mollis*

## Pracht-Akanthus

**H** bis 1,5 m | **B** 90 cm | **BLÜTEZEIT** 7–8

**AUSSEHEN:** Büschelbildende, eindrückliche Staude mit dunkelgrünem, glänzendem und tief gelapptem Laub. Im Sommer erheben sich nicht minder stattliche weiße Blüten mit rosa Brakteen in Trauben an aufrechten, purpurnen Stängeln.
**STANDORT:** Jeder durchlässige Boden in Sonne oder Halbschatten.
**PFLEGE:** Verblühtes/totes Laub ausputzen.
**VERMEHREN:** Im Frühling oder Herbst teilen oder im Winter Wurzelstecklinge schneiden.
**GUTE PARTNER:** *Allium christophii, Geranium sanguineum* 'Tiny Monster', *Miscanthus sinensis* 'Kleine Silberspinne', *Pennisetum alopecuroides* 'Cassian', *Pennisetum setaceum* 'Rubrum', *Eremurus stenophyllus, Nasella tenuissima, Achillea millefolium* 'Terracotta', *Verbena bonariensis, Stachys byzantina, Asphodeline lutea, Caragana arborescens* 'Nana'.
**TIPP:** Acanthus braucht viel Platz und kann sich unter günstigen Umständen stark ausbreiten. Für kleinere Gärten empfiehlt sich eine Wurzelsperre.

*Arundo donax* 'Variegata'

## Pfahlrohr

**H** bis 1,8 m | **B** 60 cm | **BLÜTEZEIT** 9–11

**AUSSEHEN:** Horst- und rhizombildendes Schilf mit kräftigen, gebogenen, weißgestreiften und breit linealen Blättern. Ab Mitte Herbst bilden sich endständige Rispen mit grün-purpurnen Ährchen. Ob in Wassernähe oder als Teil eines Gräser- oder Staudenbeetes – das Pfahlrohr macht immer eine gute Figur!
**STANDORT:** *A. donax* ist sehr anpassungsfähig und wächst in jedem Boden, steht aber gern windgeschützt.
**PFLEGE:** Das schönste Laub erzielt man mit einem alljährlichen, bodennahen Rückschnitt im Spätwinter oder zeitigen Frühjahr.
**VERMEHREN:** Von Mitte Frühling bis zum Frühsommer teilen oder Sprossteile in einem Glas Wasser bewurzeln und eintopfen.
**GUTE PARTNER:** *Miscanthus sinensis* 'Große Fontäne', *Cercis canadensis* 'Hearts of Gold', *Allium giganteum, Verbena bonariensis, Rudbeckia fulgida* var. *deamii, Pennisetum orientale* 'Tall Tails', *Phormium tenax* 'Dazzler', *Physocarpus opulifolius* 'Diabolo', *Pennisetum setaceum* 'Rubrum'.

*Cynara cardunculus*

## Kardy, Wilde Artischocke

**H** 1,5 m | **B** 1,2 m | **BLÜTEZEIT** 7–9

**AUSSEHEN:** Strukturstarke, gruppenbildende Staude mit fiederspaltigem, stachligem, grauem Laub. Ab dem Frühsommer verwandeln sich die kugeligen Knospen sehr zur Freude von Bienen & Co. in ein wuscheliges, violettes Büffet, das auch Gärtnerherzen höher schlagen lässt. Ein weiterer Bonus sind die essbaren Blattstiele!
**STANDORT:** Vor starkem Wind geschützt in fruchtbarer, durchlässiger Erde in voller Sonne. In kalten Gegenden im Winter mit einem trockenen Mulch schützen.
**PFLEGE:** Nach dem Absterben alles bodennah abschneiden, da die Pflanze im Herbst neue Rosetten ausbildet.
**VERMEHREN:** Im Frühjahr teilen oder im Winter Wurzelschnittlinge nehmen.
**GUTE PARTNER:** *Verbena bonariensis, Papaver orientale, Stachys byzantina* 'Big Ears', *Echinops ritro, Miscanthus sinensis* 'Cabaret', *Hemerocallis* 'Stafford', *Nepeta grandiflora* 'Dawn to dusk', *Allium* 'Purple Sensation', *Allium* 'Mount Everest', *Asphodelus albus, Calamagrostis emodensis, Eremurus* 'Cleopatra', *Lychnis coronaria*.

*Eremurus* × *isabellinus*

## Isabellen-Steppenkerze

**H** bis 1,5 m | **B** 90 cm | **BLÜTEZEIT** 6

**AUSSEHEN:** Robuste Staude mit lanzettlichen, mittelgrünen, 15–30 cm langen Blättern. Im Frühsommer erscheinen kerzenartige Blütenstände, die je nach Sorte unterschiedliche Farben hervorbringen. Steppenkerzen stammen aus trockenen Graslandschaften und Halbwüsten und passen gut in Kiesgärten und naturalistische Pflanzungen.
**STANDORT:** Fruchtbarer, sandiger, gut durchlässiger Lehmboden in voller Sonne. Vor kalten Winden schützen.
**PFLEGE:** Im Herbst mit Kompost mulchen, dabei die Knospen aussparen. An exponierten Stellen eventuell eine Stütze anbringen.
**VERMEHREN:** Teilung nach der Blüte.
**GUTE PARTNER:** *Stipa gigantea, Euphorbia characias, Allium giganteum, Nasella tenuissima, Achillea millefolium, Eryngium × tripartitum, Hemerocallis, Buddleja alterniflolia, Papaver somniferum, Phlomis tuberosa* 'Amazone', *Rosa moyesii* 'Geranium'.
**TIPP:** 'Cleopatra' ist orangefarben, 'Isobel' rosa, 'Schneelanze' grünweiß und 'Sahara' kupferfarben. *Eremurus* brauchen für die Blüte kalte Winter.

*Phormium* 'Yellow Wave'

## Neuseelandflachs

**H** bis 4 m | **B** bis 2 m

**AUSSEHEN:** Horstbildende, immergrüne Staude mit steifen, aufrechten, breiten, gelb-grün gestreiften Blättern, die ganzjährig attraktiv ist.
**STANDORT:** Fruchtbarer, durchlässiger Boden in Sonne oder Halbschatten. Neuseelandflachs ist empfehlenswert für Regionen mit milden Wintern und kann mit einem guten, trockenen Wintermulch Temperaturen bis –12 °C überstehen.
**PFLEGE:** Am Winterende totes Laub entfernen.
**VERMEHREN:** Im Frühjahr teilen.
**GUTE PARTNER:** *Berberis × ottawensis* fo. *purpurea, Ajuga reptans* 'Atropurpurea', *Bergenia cordifolia* 'Purpurea', *Pittosporum tenuifolium* 'Tom Thumb', *Potentilla fruticosa* 'Vilmoriniana', *Nasella tenuissima, Eragrostis curvula, Festuca glauca, Euphorbia characias, Euphorbia myrsinites, Bulbine frutescens, Perovskia atriplicifolia.*
**TIPP:** Ist zwar kein Kaktus, aber einmal etabliert übersteht Neuseelandflachs in gutem Boden problemlos trockene Phasen. Empfehlenswerte rotlaubige Sorten: 'Merlot', 'Dazzler' und 'Maori Queen'.

*Rhus typhina* 'Dissecta'

## Essigbaum

**H** 2 m | **B** 3 m | **BLÜTEZEIT** 7–8

**AUSSEHEN:** Einer der schönsten Allrounder für den Garten, der ganzjährig zu überzeugen vermag. Aufrechter, laubabwerfender Baum mit samtig behaarten, roten – an Hirschgeweihe erinnernde – Sprossen und feingeschlitztem, gefiedertem Laub, das sich im Herbst flammend gelb, orange und rot färbt. Im Sommer öffnen sich gelbgrüne Blüten an Rispen, aus denen sich skurrile Kolben entwickeln. Umwerfend nicht nur im Herbstkleid, sondern auch als winterliche Silhouette.
**STANDORT:** Jeder durchlässige, mäßig fruchtbare Boden in der Sonne.
**VERMEHREN:** Im Winter Wurzelschnittlinge nehmen oder Schösslinge vereinzeln.
**GUTE PARTNER:** *Miscanthus sinensis, Cortaderia selloana, Molinia caerulea, Pennisetum alopecuroides* 'Cassian', *Calamagrostis × acutiflora, Cotinus coggygria* 'Golden Spirit'.
**TIPP:** Der Essigbaum hat wegen seiner Schösslinge einen schlechten Ruf. Sorten sind weniger „aggressiv". Wer sich fürchtet, sollte eine Rhizomsperre in Betracht ziehen. Empfehlenswert ist auch die Sorte 'Tiger Eyes'.

*Rubus thibetanus*

## Tibet-Himbeere

**H** bis 2,5 m | **B** bis 2,5 m | **BLÜTEZEIT** 6–7

**AUSSEHEN:** Aufrechter, dickichtbildender Strauch – in England so treffend „ghost bramble" genannt – mit malerisch überhängenden, stacheligen Sprossen, die auffällig grau bewachst und vor allem im Winter ein Hingucker sind. Hinzu kommt das attraktiv gefiederte, ebenfalls graue Laub, welches oben grau und unten weiß behaart ist. Im Sommer öffnen sich recht unscheinbare, schalenförmige, rosa Blüten.

**STANDORT:** Durchlässiger, mäßig fruchtbarer Boden in Sonne oder Halbschatten.

**PFLEGE:** Die Triebe eingewachsener Exemplare im zeitigen Frühjahr auf 2–3 Knospen über der Basis zurückschneiden.

**VERMEHREN:** Im Sommer halbverholzte Stecklinge bewurzeln oder im frühen Winter Steckreiser nehmen.

**GUTE PARTNER:** *Clematis × jouiniana* 'Praecox', *Crocus* 'Vanguard', *Cornus alba* 'Sibirica', *Helleborus foetidus, Narcissus* 'Actaea', *Ophiopogon planiscapus* 'Nigrescens', *Allium sphaerocephalon, Cornus sanguinea* 'Anny's Winter Orange', *Festuca glauca.*

*Taxus baccata*

## Eibe

**H** bis 20 m | **B** bis 10 m | **BLÜTEZEIT** 2–3

**AUSSEHEN:** Unbeschnitten entwickelt sich die Eibe zu einem konischen Baum mit schuppiger Borke, aber sie ist vor allem für den architektonischen Formschnitt und als Ersatz für Buchs interessant, da das lineale, dunkelgrüne Laub sehr dicht, gesund und schnittverträglich ist.
Was den Schnitt angeht, so sind der Fantasie keine Grenzen gesetzt.

**STANDORT:** Jeder wasserdurchlässige, mäßig fruchtbare Boden in Sonne oder Schatten.

**PFLEGE:** Im Sommer oder Frühherbst in Form bringen. Eibe verträgt problemlos einen Verjüngungsschnitt.

**VERMEHREN:** Im späten Sommer aufrecht wachsende, halbverholzte Sprosse als Stecklinge schneiden.

**GUTE PARTNER:** *Cotinus coggygria, Cornus sanguinea* 'Winter Beauty', *Miscanthus sinensis, Pennisetum alopecuroides, Calamagrostis varia, Rubus thibetanus, Allium giganteum, Verbena bonariensis, Oenothera lindheimeri, Euphorbia characias, Euonymus nanus* var. *turcestanicus, Euphorbia ceratocarpa, Nepeta, Eremurus.*

*Yucca flaccida* 'Golden Sword'

## Schlaffe Palmlilie

**H** 60 cm | **B** 1,5 m | **BLÜTEZEIT** 8–9

**AUSSEHEN:** Gruppenbildender, immergrüner, nahezu stammloser Strauch mit grundständigen Rosetten lanzettlicher, bis 55 cm langer, dunkelblaugrüner Blätter mit gelbem Rand. Laub und Habitus sind schon fantastisch, aber wenn an den 1,5 m hohen Rispen die weißen Glöckchen tanzen, ist die Pflanze schlichtweg umwerfend.

**STANDORT:** Jeder wasserdurchlässige Boden in voller Sonne.

**PFLEGE:** Verwelkte Blütenstände und totes Laub entfernen.

**VERMEHREN:** Im Frühjahr bewurzelte Ableger vereinzeln oder im Winter Wurzelschnittlinge nehmen.

**GUTE PARTNER:** *Lonicera nitida* 'Baggesen's Gold', *Agapanthus, Phormium* 'Bronze Baby', *Helictotrichon sempervirens* 'Saphirsprudel', *Achillea* 'Taygetea', *Echinops ritro, Miscanthus sinensis* 'Zebrinus', *Sambucus racemosa* 'Sutherland Gold', *Stipa arundinacea, Festuca amethystina* 'Bronzeglanz', *Stachys byzantina, Coreopsis verticillata* 'Moonbeam', *Ceanothus × delilianus* 'Gloire de Versailles', *Artemisia lanata, Ballota pseudodictamnus.*

*Clematis armandii*

## Armands Waldrebe

**H** bis 5 m | **B** bis 3 m | **BLÜTEZEIT** 4–5

**AUSSEHEN:** Wüchsige, immergrüne Kletterpflanze mit ledrigen, lanzettlichen Blättern und achselständigen Cymen aus schalenförmigen, süß duftenden Blüten. Die Sorte 'Apple Blossom' klettert noch höher und hat rosa angehauchte Blüten.
**STANDORT:** Fruchtbare, humose, gut durchlässige Erde in Sonne oder Halbschatten.
**PFLEGE:** Abgeblühte oder beschädigte Triebe zurückschneiden. Man kann es auch wie Christopher Lloyd halten und die Pflanze stark zurückschneiden. Einmal jährlich mit Kompost oder gut verrottetem Mist mulchen.
**VERMEHREN:** Über Grünstecklinge im Frühling, halbverholzte Stecklinge im Frühsommer oder Absenker im zeitigen Frühjahr.
**GUTE PARTNER:** *Aquilegia vulgaris* 'Nora Barlow', *Clematis alpina* 'Pamela Jackman', *Akebia trifoliata, Miscanthus sinensis* 'Morning Light', *Clematis viticella* 'Purpurea Plena Elegans'.
**TIPP:** Empfehlenswerte Sorten sind 'Apple Blossom' und 'Snowdrift'.

*Dregea sinensis*

## Watakakaschlinge

**H** bis 4 m | **B** bis 4 m | **BLÜTEZEIT** 7–8

**AUSSEHEN:** Windende Kletterpflanze mit mittelgrünen, herzförmigen Blättern. Im Sommer öffnen sich weiße Blütendolden mit dunkelrosa Tupfen und verdrehen allen in der Nähe den Kopf.
**STANDORT:** Diese chinesische Schönheit ist winterhart bis etwa –5 °C und nur für milde Regionen geeignet, wo sie einen geschützten Standort (Hauswand) in Sonne oder Halbschatten sowie durchlässige, gute Böden schätzt.
**PFLEGE:** Rückschnitt nach der Blüte. Wurzelbereich im Herbst mulchen, eventuell mit Vlies schützen.
**VERMEHREN:** Vom Sommer bis Herbst Sprossstecklinge nehmen.
**GUTE PARTNER:** *Passiflora caerulea, Pennisetum villosum, Trachelospermum jasminoides, Rosa* 'Guirlande rose', *Ceanothus × delileanus* 'Gloire de Versailles', *Buddleja davidii* 'Empire Blue', *Cotinus coggygria* 'Royal Purple', *Calamagrostis × acutiflora* 'Avalanche'.

*Hydrangea anomala* subsp. *petiolaris*

## Kletter-Hortensie

**H** bis 15 m | **B** 4–8 m | **BLÜTEZEIT** 6

**AUSSEHEN:** Diese wüchsige, laubabwerfende Kletterpflanze klettert mithilfe von Luftwurzeln an Mauern und Bäumen hoch. Die Blätter sind dunkelgrün und herzförmig an der Basis und verfärben sich im Herbst goldgelb. Im Sommer bilden sich hübsche, weiße, bis 25 cm breite Schirmrispen, die bis in den Winter hinein zierend sind.
**STANDORT:** Durchlässige, humose, mäßig fruchtbare Böden im Halbschatten.
**PFLEGE:** Nach der Blüte oder im Spätwinter trimmen und dem Platz angleichen. Jährlich mit Kompost oder gut verrottetem Mist mulchen.
**VERMEHREN:** Grünstecklinge im Frühsommer bewurzeln.
**GUTE PARTNER:** *Clematis montana* 'Freda', *Parthenocissus quinquefolia, Rosa* 'Climbing Iceberg', *Polystichum setiferum, Aristolochia macrophylla, Vitis vinifera* 'Purpurea'.
**TIPP:** Die Sorte 'Miranda' hat grün-gelb panaschiertes Laub. Unbedingt darauf achten, dass die Kletterhilfe stabil genug ist.

*Jasminum officinale*

## Echter Jasmin

**H** 4–8 m | **B** bis 2,5 m | **BLÜTEZEIT** 6–9

**AUSSEHEN:** Laubabwerfende, sehr wüchsige, windende Kletterpflanze mit attraktiv gefiedertem Laub. Vom Sommer bis zum Frühherbst öffnen sich endständige, doldenartige, weiße und betörend duftende Cymen.
**STANDORT:** Fruchtbarer, wasserdurchlässiger Boden in Sonne oder Halbschatten, geschützt vor kalten Winden.
**PFLEGE:** Alte, abgeblühte, zu dicht stehende Triebe nach der Blüte entfernen.
**VERMEHREN:** Im Sommer halbverholzte Stecklinge nehmen oder im Herbst absenken.
**GUTE PARTNER:** *Clematis* × *durandii, Ceanothus* × *delileanus* 'Gloire de Versailles', *Rosa* 'Little Rambler', *Nepeta racemosa* 'Superba', *Hesperis matronalis, Passiflora caerulea, Pennisetum alopecuroides* 'Moudry', *Echinops ritro* 'Veitch's Blue'.
**TIPP:** Nur für milde Regionen. Frosthart bis etwa −10 °C. Ein dicker Mulch schützt den Wurzelstock.

*Lonicera japonica* var. *repens*

## Kriechendes japanisches Geißblatt

**H** bis 8 m | **B** bis 1,5 m | **BLÜTEZEIT** 5–9

**AUSSEHEN:** Wüchsige, immergrüne oder halbimmergrüne, windende Kletterpflanze mit elliptischen oder eiförmigen, purpurn überhauchten Blättern. Vom Frühling bis in den Sommer erscheinen zahlreiche kräftig duftende, weiß-purpurne Röhrenblüten, gefolgt von blauschwarzen Beeren. Insektenmagnet!
**STANDORT:** Fruchtbarer, humusreicher, durchlässiger Boden in Sonne oder Halbschatten.
**PFLEGE:** Jährlicher Rückschnitt nach der Blüte. Mit Kompost oder gut verrottetem Mist mulchen.
**VERMEHREN:** Über Grünholzstecklinge im Frühling oder halbverholzte Stecklinge im Sommer.
**GUTE PARTNER:** *Humulus lupulus* 'Aureus', *Cotinus coggygria* 'Royal Purple', *Berberis* × *ottawensis* fo. *purpurea, Corylus maxima* 'Purpurea', *Rosa* 'Mme. Alfred Carrière', *Ceanothus* × *delileanus* 'Gloire de Versailles', *Rosa* 'Super Fairy', *Hedera helix* 'Buttercup'.

*Passiflora caerulea*

## Blaue Passionsblume

**H** bis 10 m | **B** bis 4 m | **BLÜTEZEIT** 6–10

**AUSSEHEN:** Wüchsige, immergrüne Kletterpflanze mit fragilen Trieben, gelappten, sattgrünen Blättern. Vom Sommer bis in den Herbst öffnen sich exotisch anmutende, schüsselförmige weiße Blüten mit purpurn-, blau- und weißgebändertem Strahlenkranz. In warmen Sommern bilden sich dottergelbe Früchte, die essbar aber nicht lecker sind.
**STANDORT:** Mäßig fruchtbarer, durchlässiger Boden in Sonne oder Halbschatten, am besten an einer geschützten Hauswand.
**PFLEGE:** Nach der Blüte oder im Spätwinter Seitentriebe auf 3–4 Knospen auf das bleibende Astwerk zurückschneiden.
**VERMEHREN:** Im Frühling bei 13–18 °C aussäen oder absenken.
**GUTE PARTNER:** *Erigeron karvinskianus, Lavandula* × *intermedia* 'Edelweiss', *Rosa* 'Guirlande d'amour', *Salvia microphylla, Nasella tenuissima, Cistus* × *purpureus, Stachys byzantina* 'Big Ears', *Lonicera japonica* var. *repens, Allium* 'Purple Sensation', *Miscanthus sinensis* 'Morning Light', *Pennisetum villosum, Ipomoea tricolor* 'Heavenly Blue'.

# Service

# BEZUGSQUELLEN

Die Staudengärtnerei
Alte Iphöfer Str. 27
97348 Rödelsee
www.die-staudengaertnerei.de

Staudengärtnerei Gaißmayer
Jungviehweide 3
89257 Illertissen
www.gaissmayer.de

Bioland-Gärtnerei für Kräuter und Wildpflanzen
Wormser Str. 78
55232 Alzey
www.wildstauden-gaertnerei.de

Gärtnerei Ewald Hügin (kein Versand)
Zähringer Str. 281
79108 Freiburg
www.ewaldhuegin.com

Sarastro Stauden
4974 Ort im Innkreis, Österreich
www.sarastro-stauden.com

# LESETIPPS

Chatto, Beth: Der Kiesgarten – Gärtnern auf trockenem Standort.
2. Auflage, Verlag Eugen Ulmer, 2013.

Hertle, Bernd: Kiesgärten:
Blütenpracht ohne Gießen. 9. Auflage, GRÄFE UND UNZER Verlag, 2010.

Beck, Angela: Steingärten und Trockenmauern: Gestalten Pflanzen Pflegen.
Franck Kosmos Verlag, 2013.

## Englische Literatur

Nold, Robert: High and dry – Gardening with cold-hardy dryland plants.
Timber Press, 2008.

Ogden, Scott/Springer Ogden, Lauren: Plant-driven design – Creating gardens that honour plants, place and spirit.
Timber Press, 2008.

Rainer, Thomas/West, Claudia: Planting in a post-wild world.
Timber Press, 2015.

# NACHWORT & DANK

Kein Gartenbuch ist jemals der Schlüssel zur Vollkommenheit. Vielmehr dient es der Inspiration und ermutigt zum Experimentieren. Experimentieren ist Leben – das trifft besonders auf den Garten zu.

Beherrscht man einmal die Basics, kann man sich von Regeln und Mythen befreien und selbst Gartengeschichte schreiben, auch wenn es nur die eigene, bescheidene ist. Ein ganz wesentlicher Teil des Gärtnerns ist neben dem kreativen Prozess die Neugier, ohne die eine Weiterentwicklung nicht möglich ist.

Mein Dank geht an die Gartenbesitzer, die mich mit ihren trockenheitstoleranten Bepflanzungen inspiriert haben: Elaine & David Morgan, Liz & Bob Godfrey, Renée Boy-Faget, Bernadette Thompson, Susie & Albin Steffenon.

Vielen Dank an Frédéric Prevot von der Gärtnerei Les Senteurs du Quercy (www.senteursduquercy.com), deren Sortiment frostharter, trockenheitstoleranter Stauden unendlich beeindruckend und inspirierend ist.

Danke an Anke Lindae, mein williges und professionelles Modell.

Privat gilt meine besondere Dankbarkeit meinem endlos geduldigen Mann, der viele Stunden-Tage-Wochen auf meine Gesellschaft verzichten musste und mich immer bei allem unterstützt und ermutigt. Wie schön, wenn man einen Gartenlebenstraum so teilen darf!

Ebenfalls dankbar bin ich für die kompetente, sympathische Unterstützung meiner Lektorinnen Doris Kowalzik und Dr. Ruthild Kropp.

Annette Lepple studierte Gartendesign in London und arbeitet als Designerin, Fotografin und Journalistin. Sie ist passionierte Gärtnerin, Mitglied der *Garden Media Guild* und der *Professional Garden Photographer's Association*. Nach vielen Jahren in Irland lebt und arbeitet sie heute in der Schweiz und in Frankreich. Ihre Reportagen erscheinen in internationalen Magazinen. Ihre Fotos wurden mehrfach ausgezeichnet, und 2015 verlieh man ihr den *European Garden Photography Award*.

Ihr erstes Buch „Gartenträume" erschien 2015.
Das genussvolle und nachhaltige Gärtnern sind ihr ein großes Anliegen.
Als Delegierte der Gesellschaft *Parcs et Jardin de France* engagiert sie sich für die Gartenkultur in der Region Okzitanien.

Besuchen Sie ihren Blog: www.personaleden.wordpress.com
Website: www.personal-eden.com

# REGISTER

**Fett** gedruckte Seitenzahlen verweisen auf den Poträtteil.

# BILDNACHWEIS

Alle Fotos stammen von der Autorin, mit Ausnahme der folgenden:
Flora Press/GWI: Seite 70, 118 rechts
Flora Press/Nicole et Patrick Mioulane: Seite 83
Flora Press/Steven Wooster: Seite 82
Flora Press/Ute Klaphake: Seite 73

# IMPRESSUM



**Bibliografische Information der Deutschen Nationalbibliothek**

Die Deutsche Nationalbibliothek verzeichnet diese Publikation in der Deutschen Nationalbibliografie;
detaillierte bibliografische Daten sind im Internet über http://dnb.d-nb.de abrufbar. 
Wollgrasweg 41,
70599 Stuttgart (Hohenheim)
E-Mail: info@ulmer.de
Internet: www.ulmer-verlag.de
Lektorat: Dr. Ruthild Kropp, Doris Kowalzik
Herstellung: Gabriele Wieczorek
Umschlag-Konzeption: Ruska, Martín, Associates GmbH, Berlin
Buchgestaltung, Umschlagentwurf und Satz: Michaela Mayländer, Stuttgart, www.sistermic.de
Druck und Bindung: Firmengruppe APPL, aprinta druck, Wemding
Printed in Germany

**ISBN 978-3-8001-5844-7**

# HIER KÖNNEN SIE WEITERLESEN:

Lernen Sie die dunkle Seite Ihres Gartens kennen und lieben! Die Problemzone Schatten gibt es in Katrin Lugerbauers Gartenwelt nicht. Im Gegenteil: Gerade Schattengewächse haben es ihr von Anfang an angetan. Die Autorin und Fotografin präsentiert vielfältige Ideen für Beet und Topf, mit denen sich Schattenbereiche das ganze Jahr über ansprechend und nachhaltig bepflanzen lassen. Vom Frühjahrsblüher bis hin zur Blattschmuckstaude, von heimischen Schattenpflanzen bis zu denen Nordamerikas und Asiens zeigt sie die ganze Fülle der Schattengewächse auf.

**Schattenstauden.** Die dunkle Seite Ihres Gartens. Katrin Lugerbauer. 2017. 168 Seiten, 137 Farbfotos, 8 Zeichnungen, Flexcover. ISBN 978-3-8001-0831-2.

New German Style für meinen Hausgarten? Ja, das geht! Erst mal einen Überblick verschaffen über die Entwicklung der modernen Staudenverwendung und die Entstehung des „New German Style". Dann ganz kreativ an diesen modernen Gartenstilen orientieren und gleich an die Umsetzung im eigenen Garten gehen. So entstehen pflegeleichte, naturnahe und dabei sehr attraktive Beete vor allem mit Stauden, aber auch mit Gräsern, Einjährigen und kleineren Ziergehölzen. Die ausführlichen Pflanzenporträts und vorgeschlagene Kombinationsmöglichkeiten ermöglichen eine standortgerechte Planung für dauerhaft erfolgreiche Pflanzungen.

**New German Style für den Hausgarten.** Moderne Gartengestaltung pflegeleicht und dauerschön. Frank M. von Berger. 2016. 144 Seiten, 146 Farbfotos, Flexcover. ISBN 978-3-8001-0307-2.

# GARTENGESTALTUNG AM PULS DER ZEIT

Sie kennen Gartengestaltung so: Pflanzen kaufen, austopfen und einpflanzen. Das war gestern. Heute soll Ihr Garten ein Naturerlebnis sein, farbenfroh und blütenreich und dazu noch überraschend und preiswert. Das gelingt mit selbstversamenden Pflanzen. Sie benötigen nur wenige Initialpflanzen und vor allem Samen. Dann heißt es beobachten und experimentieren, denn von nun an sucht sich jede Pflanze ihren Platz selbst. Sie greifen ein, wenn es Ihnen zu bunt wird oder wenn Sie das Ganze gestalterisch perfektionieren wollen.
Die 85 vorgestellten Pflanzen sind besonders geeignet und lassen sich einfach in Ihrem Garten etablieren.

**Blackbox-Gardening.** Mit versamenden Pflanzen Gärten gestalten.
Jonas Reif, Christian Kreß. 2014. 188 Seiten, mit 221 Farbfotos von Jürgen Becker, Flexcover. ISBN 978-3-8001-7538-3.

„Its not a trend – it´s authentic!" Wo steht die Gartenkultur heute? Was kommt nach der modernen Gartengestaltung? Dieses Buch ist ein Plädoyer für ein gegenwärtiges Gärtnern. Vor allem aber dafür, die richtigen Fragen an den Garten zu stellen und die Antwort zu hören. Nicht der Trend ist entscheidend, sondern die Authentizität. Ein Lesevergnügen für alle die 08/15 hinter sich lassen wollen, neue Perspektiven lieben und vor provokativen Anstößen nicht zurückschrecken. Mit Beispielen aus dem Garten des Autors, der vormacht wovon er schreibt – aber nicht zum Nachmachen sondern zum Selbstmachen auffordert. In Szene gesetzt mit Fotografien von Jürgen Becker.

**Avantgardening.**
Plädoyer für gegenwärtiges Gärtnern. Torsten Matschiess, Jürgen Becker. 2017. 192 Seiten, 228 Farbfotos, Flexcover. ISBN 978-3-8001-0872-5.